AF409020

Renacer

Un manual para el alma

Eduardo Sierra

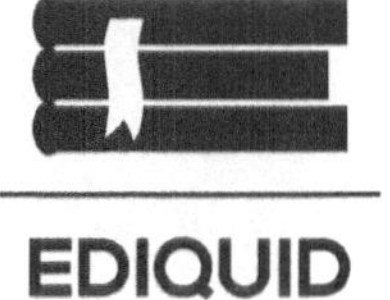

EDIQUID

RENACER
Un manual para el alma
© Eduardo Sierra

Editado por: Corporación Ígneo, S.A.C.
para su sello editorial Ediquid
José Olaya 169, Ofic. 504, Miraflores. Lima, Perú
Primera edición, junio, 2025

ISBN: 978-956-6404-66-8

www.grupoigneo.com

Correo electrónico: contacto@grupoigneo.com | Teléfono: +51 955 071 270
Facebook: Grupo Ígneo | X: @editorialigneo | Instagram: @grupoigneo

Colección: Pensamiento

Contenido

Prólogo

Es un privilegio para mí, como mamá, escribir estas líneas para presentar este libro tan especial, nacido del corazón y del espíritu de mi hijo, Eduardo.

Desde que Eduardo llegó a mi vida, ha sido una luz. Mi primogénito, el niño que vino a enseñarme a ser mamá y a amar incondicionalmente. Siempre ha sido un alma noble, generosa y bondadosa, con un corazón dispuesto a dar y a cuidar de los demás. Con el paso del tiempo, esa esencia no ha cambiado; al contrario, ha crecido y se ha fortalecido, llevándolo a emprender un profundo camino espiritual en busca de respuestas, paz interior y conexión con algo más grande que nosotros mismos.

He sido testigo de cómo Eduardo ha ido transformando su vida, abrazando con humildad y valentía cada lección que la vida le ha presentado. Su despertar de conciencia no ha sido un proceso sencillo, pero sí profundamente enriquecedor. Y lo más hermoso es que, en lugar de guardarse ese aprendizaje solo para él, ha decidido compartirlo con el mundo, con la esperanza de inspirar a otros a encontrar su propio camino hacia la luz, la paz y el amor verdadero.

Como madre, no puedo evitar sentirme profundamente orgullosa de este hombre en el que se ha convertido. Un hombre trabajador e íntegro, que ha formado una familia hermosa junto a su esposa y sus tres hijas, y que, a pesar de las responsabilidades cotidianas, nunca ha dejado de buscar su propósito ni de vivir en congruencia con su espíritu.

Este libro es un testimonio de su viaje interno, de sus reflexiones, de sus aprendizajes y de su conexión con lo divino. Pero, más allá de eso, es un recordatorio para todos nosotros:

que la vida tiene un propósito más grande, que hay una fuerza amorosa que nos guía, y que nunca es tarde para despertar, para sanar, para encontrar nuestro verdadero camino.

Querido Eduardo, quiero decirte que me siento inmensamente honrada de ser tu mamá y de escribir estas líneas. Gracias por abrir tu corazón al mundo y por recordarnos, a través de tus palabras, que la vida tiene un significado más profundo cuando nos permitimos escuchar nuestra alma.

Querido lector, te invito a leer estas páginas con el corazón abierto. Estoy segura de que, de alguna manera, encontrarás aquí palabras que resonarán en ti, que despertarán algo o que simplemente te darán un poco de paz y esperanza en tu propio camino.

Con amor infinito,
CLARITA

Hay algo dentro de mí que tiene que compartir este mensaje. Espero poder expresarlo lo mejor que pueda para que logren entender cómo fue mi despertar de conciencia y cómo he logrado, en este camino que es de todos los días, comprender un poco más de este hermoso viaje de la vida y cómo, con pequeños cambios, he mejorado mi vida, mi entorno y, al mismo tiempo, he hecho lo mejor que puedo para ayudar a otras personas a sacar su mejor versión.

Desafortunadamente, todavía hay mucha controversia en torno al uso de estas sustancias y, en gran parte del mundo, incluso con todos los estudios que se han realizado —donde claramente hay resultados positivos en su uso—, siguen siendo ilegales.

Estas tecnologías, expansores de conciencia, que no causan una adicción física, ayudan a combatir problemas como la depresión, la ansiedad, el estrés postraumático, las adicciones, los trastornos alimenticios, entre muchas otras cosas. Para mí, uno de los temas más importantes es que te ayudan a conectar con tu verdadera esencia y a entender un poco más de dónde vienen algunos problemas desde la raíz.

Aunque es difícil de explicar, de cierta manera entiendes muchas cosas de tu vida y de los misterios de la existencia. Con un trabajo adecuado, estas herramientas te ayudan a comprender que nada de lo que sucede a tu alrededor está bajo tu control, a dejar fluir lo que ocurre, a entender que nada es permanente, que nada es personal, que cada persona tiene su perspectiva de las cosas y su opinión. También te enseñan que no hay bueno ni malo, a disfrutar, a agradecer y a estar presente.

Sin duda, estas herramientas no son para todos, pero bajo la supervisión correcta, con una mentalidad abierta, acompañamiento terapéutico para su integración y un deseo genuino de hacer el trabajo, estoy seguro de que este tipo de sustancias podrían convertirse en herramientas que ayuden a muchas personas. Les permitirían salir adelante y comprender que todo lo que han vivido en su vida prácticamente ha sido un resultado de sus pensamientos, creencias, educación y de la forma en que cada uno de nosotros ve la vida. Además, entenderían que todas y cada una de las experiencias que vivimos como colectivo son únicas e irrepetibles.

Hay muchas otras herramientas para alcanzar estos estados elevados de conciencia: la meditación, el *mindfulness*, la respiración consciente, entre muchas otras. Solo quiero platicarles cómo estas tecnologías me han enseñado a abrir la puerta a esta conciencia y cómo, con un trabajo constante, he logrado aterrizar estas experiencias en mi día a día.

Creo que es importante hacer un preámbulo de cómo llegaron los psicodélicos a mi vida.

Primero, quiero compartir un poco más de mí.

Nací el 2 de noviembre de 1977. Mi papá, católico; mi mamá, judía. Lo menciono porque, para la época en que se casaron, en un país como México, si hoy todavía es complicado el matrimonio entre personas de otra religión, cuando ellos se casaron era aún más complicado. Son una pareja increíble que, gracias a Dios, hoy todavía está conmigo.

Viví en una casa llena de amor, y mi educación, en términos de religión, fue católica, ya que estudié en un colegio católico. Sin embargo, por las diferentes religiones, recuerdo a mi abuela materna hablando de temas budistas, a mis papás también un rato interesados en ello. No platicamos mucho de estos temas, pero creo que hoy siguen siendo muy espirituales. Un tío hablaba sobre el fin del mundo y la oración para la salvación. Asistíamos a las fiestas judías con la familia de mi mamá.

Realmente me educaron con dos conceptos que, aunque durante mucho tiempo no entendí profundamente, hoy trato de utilizar todos los días: la gratitud y disfrutar de cada momento (estar presente). Hoy, que soy papá, entiendo que mis padres hicieron todo y más por la gente que estuvo cerca de nuestra familia, incluyéndome a mí y a mis hermanos. La verdad es que son dos seres humanos increíbles, y no podría expresar lo que siento por ellos en palabras. Su vida, como la de todos, sin duda también ha sido una telenovela.

Sé que han vivido cosas complicadas; por ejemplo, enfrentaron la muerte de un hijo. No tengo más que agradecimiento, orgullo y amor por lo que son, por todo lo que me han enseñado y por lo que me han compartido.

Todos los traumas que me fui creando por las experiencias que viví he entendido que son solo eso: experiencias que tuve que vivir. Soy el único que sintió estas experiencias como algo que me ayudó o me traumó, porque lo que para una persona puede ser traumático, para otra es simplemente algo que pasó. Por eso, cada uno percibe la vida con sus propios ojos, y nunca podremos saber lo que pasa en la cabeza de los demás. Hoy utilizo ese aprendizaje para ser una mejor persona.

De niño fui muy tímido, callado, reservado, bonachón, siempre con una sonrisa. Mi mamá me platica que, cuando me invitaban a una fiesta, le preguntaba si iban a ir mamás y le decía que, si no iba ella, yo no quería ir a la fiesta.

Viví en una privada donde había varios niños de mi edad. En grupo, como en todos los grupos de amigos, yo no sé por qué, pero a veces me sentía un poco incómodo. Por mi forma de ser, dejaba que me molestaran, que me humillaran, y, debido a mi personalidad realmente buena, paciente y tolerante, casi nunca respondía... hasta que me hacían explotar. Era peor aún, porque eso era lo que, sin querer, esperaban que hiciera.

Por estos abusos que tuve de niño, casi siempre mis reacciones acababan perjudicándome más. Esto no quiere decir que todo lo que viví fue malo. Tuve una infancia increíble. Solo estoy tratando de explicar de dónde vienen algunos de mis traumas y cómo, mucho tiempo después, pude darme cuenta de que ciertas cosas me las había estado guardando.

Esos abusos y esa falta de conciencia hacia lo que sentía los seguí experimentando en mi adolescencia. Durante esa etapa sufrí un poco con el acné. Aunque no era un problema grave, como a cualquier adolescente, los comentarios que me hacían me bajaron demasiado la autoestima. En la preparatoria casi me expulsan por faltas. Fingía que iba a la escuela, pero falté más de la mitad del año porque me daba pena ir con un grano.

Incluso en mi vida adulta me costaba mucho trabajo poner límites. Muchas veces siento que abusaron de mi nobleza. Todavía hay situaciones con algunos grupos donde me sigo sintiendo incómodo, a veces porque no me siento escuchado, o por su falta de interés en lo que estoy diciendo, o simplemente porque a la gente le gusta dar lata. Sin duda, prefiero una conversación profunda con una sola persona.

Por todas estas experiencias, me olvidé de mi valor, de mi autoestima, del amor que hoy siento por mí. La verdad, yo no molestaba, pero acepto que, por pertenecer, caía en la burla hacia otros. No recuerdo haber iniciado un acto de molestar a alguien, pero me da risa que, cuando le pregunté a un amigo de mi infancia si recordaba algunas cosas, me contestó que lo hacía para «hacerme más fuerte». Yo ya me perdoné por lo que eso ocasionó en mi personalidad, en mi forma de ser y en mis decisiones. Hoy entiendo que la gente hace ciertas cosas de manera inconsciente, sin querer lastimar a otros. Seguro actué así miles de veces.

Ahora también me doy cuenta de que hay personas que realmente molestan desde otro lugar, y ahí lo único que puedes hacer es aceptar las cosas como son, darte la vuelta y no reaccionar.

Soy el mayor de tres hermanos. Alex (Q. E. P. D.), a quien le llevaba cinco años y medio, y Mau, a quien le llevaba siete años. Pertenecíamos a generaciones totalmente diferentes y, aunque crecimos juntos, estábamos en etapas muy distintas. A pesar de ello, no tengo más que buenos recuerdos con mis hermanos. De niños nos divertíamos mucho.

Alex murió hace diez años a causa de una fuerte adicción a la cocaína, que terminó en *crack*. En mi familia ha habido muchas adicciones, sobre todo en el tema del juego. Yo también estuve metido en el juego durante un buen rato. Esa genética adictiva que tenemos como familia se tenía que romper. Creo que se rompió con la muerte de Alex y, sin duda, para mí, con este trabajo personal que estoy haciendo.

A mi querido Alex, hoy lo tengo más presente que nunca. Su muerte me hizo reflexionar mucho sobre la vida, sobre mi propósito en la vida. Siempre me pregunté muchas cosas como: ¿de dónde venimos?, ¿quiénes somos? Siempre me llamó mucho la espiritualidad y entender un poco más sobre qué somos fuera de este avatar. Durante un rato, en ese periodo de búsqueda, de manera muy silenciosa, viví los años más oscuros de mi vida, donde dominaban el miedo, la ambición, el ego, el qué dirán, la crítica, el juzgar, el mentir, el deber ser, el tratar de pertenecer.

Entre muchas cosas que hice, me lastimé, y estoy seguro de que inconscientemente lastimé a mucha gente en el camino. Hoy me doy cuenta de que siempre fue desde una desconexión de la persona que realmente soy, y que es parte de la experiencia humana para poder aprender de nuestros errores y también de nuestros aciertos, y así utilizar todas las experiencias que hemos vivido para tener mejores herramientas que nos hagan la vida más fácil.

Con Mau, mi hermano, hoy un gran amigo y compañero de vida, creo que por la diferencia de edad hubo un tiempo en el que no tuvimos una relación cercana. Hoy ya hemos entendido nuestras diferencias y, al mismo tiempo, tenemos muchísimas cosas en común que nos han acercado. Creo que ambos estamos trabajando para ser mejores personas y, juntos, poder recordar la vida de nuestro hermano.

Tengo dos sobrinos lindísimos, uno de ellos mi ahijado; espero poder darles el mejor ejemplo como tío. Su mamá, mi cuñada Liz, la quiero con todo mi corazón. Obviamente ya es como la hermana que nunca tuve. Además, de cierta manera, nos hemos ido acompañando en este viaje.

Ana, mi increíble esposa desde hace 16 años, como todas las relaciones, hemos tenido nuestros altibajos. Hemos entendido que, aunque los dos vamos hacia el mismo lugar, sobre todo en la educación de nuestras hijas, para mí siempre es mejor hacerlo en equipo. Ambos tenemos nuestra independencia y sabemos que, con comunicación y respeto, podemos vivir nuestra vida.

Hay veces que tomamos caminos diferentes, pero tratamos de buscar tiempo para seguir teniendo esa conexión como pareja y como los grandes amigos que somos. Sabemos que, un día, si Dios nos permite seguir aquí, nuestras hijas se irán y tomarán sus propios caminos. Creo que, si no trabajamos en pareja, cuando eso pase no tendremos nada en común, y es algo que no quiero.

Fui muy duro con ella en muchas situaciones, donde por mis inseguridades me sentía menos o sentía que no era suficiente para ella. Eso me hizo cometer muchos errores conmigo y con ella. Cuando realmente comprendí que mi esposa es la maestra más grande que tengo (no hay persona con la que más vayas a convivir en tu vida que con tu pareja), fue porque entendí que todos esos defectos que a veces le veía eran un reflejo de los mismos defectos que yo tenía.

Hoy trato de ya no verlos, y solo veo todas las cosas positivas que tiene: ser una excelente mamá, una amiga incondicional para mí y para todas sus amigas, trabajadora, independiente, divertida, cuidadosa de su salud y de nuestra casa, entre muchas otras virtudes.

Hoy me doy cuenta de que cometí los mismos errores con todas las parejas sentimentales que tuve, y el típico «no eres tú, soy yo» es exactamente eso. Solo que a veces no queremos asumir nuestra realidad. Hoy, mis visualizaciones son, algún día, poder estar sentado de viejito, disfrutando a mi familia. Creo que, si un día logro eso, será porque todo salió muy bien.

Tengo tres motores en mi vida que no puedo más de amor al solo verlas: mis preciosas princesas Ana, Elena y Priscila. Cada una de ellas es única y me enseñan todos los días a ser una mejor persona. Sin duda, me he equivocado con ellas, pero hoy trato de ser más consciente en mi forma de hablarles, más consciente del tiempo que les dedico. Al mismo tiempo, estoy tratando de empoderarlas para que tomen su propio camino, sus propias decisiones, y que tengan la confianza de buscar a sus papás si algún día necesitan algo. No es quitarles responsabilidades; somos responsables de ellas porque las trajimos a este mundo.

Hoy sé que, aunque se parecen a nosotros, en realidad no nos pertenecen. Espero que sean mujeres independientes, sin miedo a cumplir sus sueños, educadas, entre muchas otras cosas. Hay que educar con el ejemplo. Pero ellas son quienes me vinieron a enseñar lo más valioso que hay: el amor incondicional.

De profesión, siempre he estado en el negocio inmobiliario-financiero. No les voy a contar mucho de mi tema laboral, pero afortunadamente nunca me ha faltado nada. Pasaron cosas en este camino profesional que le dieron un cambio al rumbo que esperaba y, de cierta manera, al rumbo con el que me educaron.

¿Cuál fue ese cambio? Supuestamente estaba siguiendo los pasos de mi papá. Trabajé con él un poco más de diez años, y la empresa en la que trabajábamos —donde él era socio y director general— se terminó vendiendo. Este cambio fue muy duro para mí. A los 29 años, me sentía crecido, empoderado, creyendo que por mi posición era importante. Puro *bullshit*, la verdad. Dejé de ser «el hijo del jefe».

Aunque, por mi formación (LAE, MBA con una especialidad en economía y desarrollo), mi experiencia y mis relaciones, siempre logré colocarme en buenos trabajos, hoy sé que también lo logré por mi actitud, mi forma de ser, mi compromiso, mi lealtad y mis ganas de hacer las cosas lo mejor posible, sin tomar ventaja.

Obviamente, me equivoqué y me sigo equivocando muchas veces en mi carrera: por confiar de más en los demás, por falta de seguimiento, por miedo a tomar decisiones. Pero es parte de la experiencia que vas adquiriendo, y poco a poco fui encontrando la forma más sencilla y eficiente de resolver los problemas del día a día, sin tirar la bola a los demás. Yo hago lo mejor posible por no dejar ningún tema pendiente. Todo lo que ya no está en mis manos y depende de terceros es algo que estoy aprendiendo a soltar.

Después de la venta de la empresa, todavía me quedé un año más con el grupo que le compró la empresa a mi papá. Me mandaron fuera de México, donde me fui recién casado con mi esposa. La verdad es que, en lo personal, fue una experiencia increíble porque viajamos muchísimo y nos conocimos como pareja, pero en lo profesional fue una experiencia desagradable.

Me trataron muy mal, me amenazaron con meter a mi papá a la cárcel y, aun así, tenía que seguir haciendo acto de presencia todos los días bajo esas amenazas. Por el miedo que te da a esa edad, pensando «¿Qué voy a hacer si me corren?», «¿No voy a tener trabajo?», etcétera, un día tomé la decisión de dejar de ir. Aun así, seguí «trabajando» para ellos durante cuatro meses más.

Tuve una mala salida de la empresa que vi crecer por más de 15 años, esa empresa que tanto quería. Fue pésimamente administrada por el grupo que la compró y, hoy, ya no existe. De ahí viene el dicho: «Todo cae por su propio peso». Me da pena decirlo, pero se lo ganaron, así como yo me he ganado otras cosas.

Al regresar a México, durante un año intenté emprender por primera vez en mi carrera. No logré lo que quería y, si lo analizo, el proyecto que emprendí fue un rotundo fracaso. Empecé a cometer muchos errores en mis finanzas por tratar de mantener el estilo de vida que tenía. Todas estas decisiones las tomé desde un lugar de carencia. Hoy me doy cuenta de que siempre lo he tenido todo: familia, amigos, un techo, comida, experiencias increíbles, pero, sobre todo, el privilegio de vivir esta experiencia humana. Aposté en cosas de corto plazo, que me daban placer inmediato, pero al mismo tiempo una cantidad enorme de dolores de cabeza. Viví con migraña durante muchos años.

Creo que hay muy poca gente en el mundo que se saca la lotería o que pega un *home run* de un día para otro, y normalmente eso acaba mal. Las cosas se ganan con trabajo, disciplina y un plan. Aunque mi compulsión al juego me decía que la tenía controlada, sin duda perdí mucho. Perdí un trabajo en un momento muy duro de mi vida, cuando además tenía muchas deudas. No eran deudas de juego, porque siempre fui un buen pagador ya que mantenía el flujo. Pero, por la culpa que tenía, seguía gastando como si nada estuviera pasando. Así fue el tamaño de las deudas.

Al dejar de tener ese trabajo, me di cuenta del boquete que tenía. Si hoy analizo esta experiencia, doy gracias por lo que pasó y me doy cuenta de que todo sucede por algo. Aprendí muchísimo de esa vivencia. Tuve que pedir ayuda.

Pedir ayuda es de las cosas más difíciles de hacer por esa máscara que me ponía todos los días. A veces creo que es falta de humildad, sobre todo por cómo quería que me viera la gente desde afuera, por lo que yo pensaba que representaba. Pensaba que lo importante en la vida era lo que reflejas en lo material. Hoy sé lo equivocado que estaba. Pedir ayuda fue de las cosas más difíciles que hice.

Me moría de pena, culpa e impotencia por estar en esa situación. Creía que la gente pensaría que era un fracasado. Hoy sé que el único que puede medir mi «éxito» o mi «fracaso» soy yo. Pero, en esos días, así me sentía. Gracias a Dios, soy muy afortunado de tener gente increíble en mi vida que me ayudó y me sigue ayudando. Siempre estaré agradecido con ellos.

Después de la experiencia de quedarme sin trabajo, las cosas se fueron acomodando. Se han dado algunas oportunidades que sigo teniendo, y busco nuevas cosas por hacer. Una de ellas es compartir todo lo que he aprendido.

Aun después de lo que pasó, me costó tiempo romper algunos patrones. Hoy sigo trabajando en muchos temas personales, y creo que lo haré hasta el día que me muera. Entender de dónde viene el dolor no es fácil. Tuve que meterme hasta el último rincón de mi conciencia.

Lo que realmente me ayudó a tomar conciencia de mis traumas, programaciones y otras cosas fue mi primera experiencia con ayahuasca hace tres años. Esa experiencia transformó mi vida. Hoy estoy en un lugar muy bonito donde lo único que quiero es expresar lo que siento, ser auténtico y dejar de preocuparme por lo que pasa afuera.

Aunque sea difícil, trato de entender que lo que sucede afuera es un reflejo de lo que pasa adentro. Mi más grande anhelo es poder ayudar a más gente contando mi experiencia. Aunque cada historia es diferente, estoy seguro de que todos hemos tenido vivencias similares. Si no las tuviéramos, no podríamos recordar lo que realmente somos y de dónde venimos. A eso le llamamos el despertar de la conciencia. Sé que cada uno está en su proceso, y hay que respetarlo.

Confucio decía: «Tenemos dos vidas, y la segunda empieza el día que te das cuenta de que solo tienes una vida». Para mí, esta segunda vida inició al salir de mi primera experiencia con ayahuasca.

Voy a tratar de explicar lo que para mí es este despertar de conciencia. Me di cuenta de que hay algo más grande que este personaje que me he creado, llamado Eduardo Sierra. Este personaje que se fue formando desde niño, que ha llorado, sufrido, juzgado, criticado, odiado, estado enfermo, pero también reído, disfrutado, amado y vivido experiencias increíbles. No me puedo quejar de la vida que he tenido. A veces me da coraje no haberla visto como la veo hoy, pero es parte del aprendizaje.

En el momento en que me di cuenta de que este personaje es solo un pedazo de lo que realmente soy, es cuando, para mí, las cosas se volvieron maravillosas. Aprendí a ver la vida de otra manera: con amor, compasión, empatía y con una ilusión de que todo mejore. La vida es como un juego en donde hay niveles más difíciles que otros. Cuando entendí esto, empecé un proceso de sanación. Creo que el día que termine este ciclo de nuestra vida, todos sanaremos del otro lado.

Pero siento que, si no empezamos a sanar en esta vida —que para mí es, sin duda, una de las cosas más difíciles y dolorosas que hay—, no podremos realmente vivir. Sanar implica darte cuenta de todo el daño que hiciste y que te hiciste. Te enfrentas a muchos demonios, te sientes solo, piensas que la gente no te entiende. Pero, al mismo tiempo, empiezas a sentir paz, armonía, y comprendes que todo lo que pasó era necesario para empezar a sanar y realmente empezar a vivir.

Definitivamente creo en esto. No sé qué vaya a pasar después de mi muerte, pero nunca más dejaré de vivir esta vida como quiero vivirla.

Este tipo de sustancias hay que utilizarlas con mucho respeto, en un lugar seguro, con gente profesional que pueda dar contención, y, por supuesto, ir preparado y abierto a lo que nos pueden enseñar. Claro que hay riesgos, y en algunas experiencias las cosas han salido mal. Pero, como todo en la vida, hay pros y contras. Hay personas que entran a un hospital, se enferman por estar ahí y mueren; otras se vacunan y fallecen; o personas completamente sanas que al día siguiente sufren un infarto. Todo tiene riesgos.

Voy a hacer lo mejor que pueda para describir lo que me han enseñado estas plantas y sustancias. No en todos mis viajes he tenido la misma experiencia, y no siempre he logrado conectar. Conocer el lugar al que vas a veces me sigue dando un poco de miedo, más que nada incertidumbre sobre lo que me voy a enfrentar. En este camino psicodélico he experimentado con ayahuasca, xanga, peyote, hongos, LSD y bufo, todas estas de manera terapéutica y con una intención clara.

Ahora sí, entremos a este primer viaje de ayahuasca, viaje que me abrió la conciencia para que, en esta realidad que estamos viviendo, busque la manera de ser una mejor persona, de ser un mejor papá, de ser un mejor hijo, de ser un mejor amigo, de tratarme bien y de aprender a quererme y aceptarme tal y como soy, con todas mis virtudes y con todos mis defectos que aquí seguirán; de reconocer mis errores, de pedir perdón, de tratar de hacer las cosas desde un lugar de amor, respetando a los demás, tratando a la gente como me trato a mí; de ver cómo puedo ayudar, de soñar, de disfrutar, de hacer las cosas que más me gustan y, al mismo tiempo, vivir los problemas del día a día que todos enfrentamos, porque cada uno de nosotros tiene su historia.

Estas sustancias las hemos utilizado como humanidad durante miles de años: las usaban los egipcios, los griegos, los nórdicos, los celtas, los chinos, los mayas y muchas civilizaciones que tenían una conexión más fuerte con Dios, con el universo, con la fuente, como le quieran llamar. Esta civilización que nos ha tocado vivir, a mi sentir, se ha volcado más hacia el materialismo, y hemos perdido un poco de esa espiritualidad que no me queda la menor duda de que cada uno de nosotros tenemos, pero nos falta abrir nuestro corazón.

Mi primera sesión con ayahuasca

Mi primera sesión con ayahuasca fue en casa de una amiga, con un grupo pequeño de 6-7 personas. Te piden llevar ropa cómoda, abstenerte de consumir alcohol y otras sustancias al menos una semana antes, y cambiar tu alimentación para llegar con el cuerpo lo más limpio posible. Esto es importante porque con la ayahuasca puedes llegar a vomitar o experimentar una explosión de diarrea. También debes llevar una intención clara sobre lo que quieres aprender.

Durante la sesión, que puede durar entre seis y ocho horas, el trabajo es completamente individual. Es importante que el grupo de personas esté en la misma sintonía. Por ello, al inicio, cada participante comparte un poco sobre su intención y lo que busca de la sesión. Esto crea una conexión, y de cierta manera apoyas a los demás cuando alguien la está pasando mal.

Para quienes no conocen qué es la ayahuasca, se traduce comúnmente como «liana de los espíritus». Es un compuesto psicoactivo proveniente del Amazonas, preparado usualmente con la combinación de dos plantas. Esto da como resultado una bebida intoxicante y mágica que ha sido utilizada durante miles de años por culturas amazónicas en ceremonias y rituales sagrados.

Su molécula principal es el DMT, conocido como «la molécula de Dios». Es una sustancia que producimos diariamente en pequeñas cantidades durante los sueños, lo que explica los sueños lúcidos. También sabemos que el DMT se libera en grandes cantidades al nacer y al morir. Es un alcaloide similar a la serotonina y al triptófano, y está presente en la naturaleza.

La serotonina es un neurotransmisor relacionado con el control de las emociones y el estado de ánimo, conocida también como la hormona de la felicidad o del amor.

La primera vez que tomé ayahuasca, mucha gente me dijo que sabía mal, pero la verdad es que no me desagradó tanto el sabor. Al tomarla, tienes que empezar a meditar, porque el chamán aún no inicia la ceremonia. Pasan aproximadamente 45 minutos antes de que la sustancia haga efecto. Con mi primera toma, no sentí absolutamente nada. Ahora entiendo un poco más, ya que he visto que algunas personas no logran entrar. A mí también me ha pasado, y creo que se debe al miedo que tenemos sobre lo que puede suceder. Hay que soltar.

Normalmente, el chamán, antes de comenzar la ceremonia, te pregunta si deseas tomar más. Ese día decidí tomar una segunda dosis: un caballito lleno de ayahuasca. Cinco minutos después de esa segunda toma, tuve la experiencia que transformó mi vida para siempre.

Mi intención para esta primera experiencia era entender la muerte de mi hermano. Para mi asombro, lo primero que vi cuando logré conectarme a esa conciencia, en la que todos estamos unidos, fue algo extraordinario.

El viaje, que es difícil de describir, me llevó a un lugar donde estás en una conexión absoluta con todo. La ayahuasca te permite entrar a ese espacio, que está dentro de ti, pero de cierta manera te mantiene con una patita en la tierra. En este plano físico no podríamos estar en esa conexión porque nos saldríamos de esta realidad. Además, hay que entender que el trabajo que hacemos lo estamos realizando aquí, en esta escuelita llamada Tierra.

En ese momento estaba conectado, y lo primero que sentí fue a mi hermano. Lo sentí de una manera que es difícil describir, pero él estaba ahí conmigo. Me di cuenta de que nunca se ha ido, que sigue conmigo todos los días, que soy parte de él y él es parte de mí. Aunque ya no está conmigo en este plano físico, sigue conmigo en mi corazón.

Acto seguido, sentí un amor, un amor que nunca en mi vida había experimentado. Me sentí parte de todo. Me di cuenta de que todo y todos estamos conectados. Este amor lo sentí prácticamente durante toda la sesión. Pero la abuela, como le llaman a la ayahuasca, también es regañona; es literal como tu abuela que te corrige, pero con cariño.

Me enseñó lo insignificantes que somos, pero al mismo tiempo lo grandes que somos. Me mostró que esta vida es un regalo, que se pasa como un abrir y cerrar de ojos, y que hay que disfrutar, agradecer y estar presentes. Aprendí que nuestro pasado ya no existe, que es solo un conjunto de aprendizajes y recuerdos; que el futuro lo creamos nosotros, porque somos creadores por naturaleza. Lo más importante que me llevé de esa experiencia es que estamos aquí para servir a los demás.

Me empezó a mostrar, una por una, todas las «malas» decisiones que he tomado en mi vida. A esto le llaman la muerte del ego. Según lo que he leído, es lo más parecido a una experiencia cercana a la muerte. Te enseña como en una película todas esas decisiones, y me di cuenta, una tras otra, de los errores que cometí. Todos fueron de manera inconsciente, por falta de madurez y por un egoísmo que a veces nos gana, sin medir las consecuencias. También vi cómo las creencias y los programas que nos inculcan desde niños moldean nuestras decisiones.

Si me mido con la religión, acepto que rompí prácticamente todos los mandamientos, menos el de «No matarás». Estas revelaciones provocan una náusea emocional; si te las quedas dentro, es cuando empieza el mal viaje. El chamán y las personas de apoyo sienten cuando alguien la está pasando mal y te enseñan a manejar esos pensamientos con la respiración. Vomité como nunca. No expulsé nada porque me preparé para la experiencia, pero en mi cubeta vi una víbora dando vueltas.

Estas lecciones no se te muestran desde el juicio, sino desde la percepción. Simplemente me mostró, con muchísima claridad, cómo fui tomando esas decisiones.

Después me enseñó a todos mis maestros: tanto mis guías como mis maestros en el plano espiritual, que me acompañan todos los días. Aunque tengo el libre albedrío de tomar mis decisiones, de cierta manera muy sutil me ponen un freno de mano. También me mostró a todas las personas con las que he cruzado caminos en mi vida. Entendí que por alguna razón tenían que estar ahí. Hayan sido «buenas» o «malas» experiencias, todas traían un aprendizaje.

En estos tres años, me he dedicado a sanar prácticamente todas mis relaciones, pero las sané dentro de mí. Entendí que las cosas pasan por algo, que nadie en conciencia quiere hacerte daño, que debes aprender a ver las cosas tal y como son y no se pueden cambiar; lo único que puedes cambiar está dentro de ti. Ese día se trataba de mi hermano, y ese día sané mi relación con él. Aunque siempre lo recordaré con amor y con recuerdos increíbles, necesitaba pedirle perdón por todas las cosas que sentí e hice durante su adicción.

Verlo sufrir era lo más difícil, pero, por ejemplo, un día casi se mata en el coche y, de milagro, no mató a las personas con las que chocó. Me tuve que echar la culpa. Llevaba una cantidad de drogas en los viajes que, si nos hubieran detenido, estaríamos cumpliendo varias cadenas perpetuas, entre muchas otras cosas. Hoy sé que así tenía que pasar, pero, en esas vivencias, sentía mucho enojo, frustración, desesperación y, al mismo tiempo, celos y resentimiento.

Hubo momentos en que incluso pensé que sería mejor que muriera, y tristemente eso ocurrió. Tuve que perdonarlo y perdonarme, quitándome ese peso de encima. Desde ese día, Alex me acompaña en todo momento, especialmente en el proceso que estoy atravesando. Sé que está conmigo, que me apoya y que disfrutamos de esta vida juntos. Hoy lo recuerdo como ese hermano cariñoso, juguetón, amigo incondicional, sonriente y lleno de cualidades que nunca olvidaré.

No podría parar de contarles todo lo que me dejó mi hermano. Después de su pérdida, me cerré en muchas cosas. Cuando fuimos a reconocer su cuerpo, esa imagen quedó grabada en mi cabeza. En esos días que estuvimos en familia, preparando todo para regresarlo a México, lloré solo una vez. Sentí que tenía que ser el fuerte de la familia, pero esa fue solo mi percepción: todos y cada uno en mi familia han sido fuertes y resilientes.

Todos viven con ganas de seguir adelante, buscando recordar su historia y utilizar la experiencia que vivimos como familia para crear conciencia y poder ayudar a otras personas que están pasando por algo similar. También llevé sus cenizas de regreso en el avión junto a mí, las esparcí en el mar, y todo esto lo hice sintiendo una culpa horrible. Me tardé en sanar, pero, en esa primera sesión de ayahuasca, lloré todo lo que me había guardado.

Creo que ese día terminamos la ceremonia como a las tres de la mañana. La cantidad de información que recibes es abrumadora. Sigues un poco intoxicado, pero lleno de un amor difícil de explicar. Ese día mandé mensajes a todas las personas importantes en mi vida, expresando ese amor que antes no manifestaba por miedo al qué dirán.

Por ejemplo, ese día me di cuenta de que mi esposa es el amor de mi vida y que quería pasar el resto de mis días con ella. Sin embargo, por lo cómodo que estaba en nuestra relación y nuestra amistad, fue la última relación que sané. Algunas relaciones las sanas sin afrontar a la otra persona, pero con mi esposa tuve que enfrentarla.

Creo que para ella también fue doloroso, porque me vio sumergido en mi proceso, y al principio no era mi prioridad. Primero tenía que estar bien conmigo mismo para poder estar bien con ella. El día que ella también abrió su corazón, pudimos hablar de todo: lo que sentimos, lo que pasó, los errores que cometimos. Sé que tendré que seguir trabajando todos los días en nuestra relación, pero hoy estoy seguro de que fue lo mejor que nos pudo pasar. Somos un gran equipo.

Cada día que pasa, me doy cuenta de que la única manera en la que estoy en paz es siendo auténtico. Todavía me enfrento con gente cercana con la que choco por ser como soy. Sé que aún tengo que poner algunos límites y que, desafortunadamente, estos límites podrían hacerme perder varias relaciones. Pero, sin duda, hoy lo entiendo. Todavía me cuesta trabajo, pero sé que hay que dejar ir a esas personas que te hacen sentir menos, que te juzgan, que te critican, que disfrutan verte caer.

Ya no soy esa persona, y a veces es difícil que los demás lo vean. No hay que esperar elogios, ni aplausos, ni esa palmadita en la espalda; sé que esa me la tengo que dar yo mismo. También sé que no debo esperar nada de nadie. El único que debe quererse y sentirse orgulloso de lo que ha logrado soy yo, y, de cierta manera, estoy seguro de que, si sigo por este camino, todo lo que está a mi alrededor estará muy bien.

En resumen, esta fue mi primera sesión de ayahuasca. Ahora sí comienza el trabajo. Sin duda, creo que estas sustancias son como un pequeño atajo hacia donde todos debemos llegar. Hay personas que empiezan a volverse más conscientes conforme maduran, por una experiencia fuerte o por otras herramientas que van aprendiendo.

Otros tal vez lleguen al día de su muerte y digan: «¡Ups! ¿Por qué nunca me di cuenta de cómo estaba viviendo mi vida?». También hay quienes tienen una experiencia espiritual y creen que ahí se terminó el trabajo. Para mí, no fue así. Salí de esa experiencia pensando: *Tengo que cambiar mi vida.*

Cambiar tu vida no es algo que se logre de un día para otro; es un proceso. Empecé a ser más consciente de las decisiones que tomo durante el día. Me volví más consciente cuando cometo un error. Todos nos equivocamos, pero si tomamos decisiones más conscientes y desde el corazón, es difícil que te equivoques. Y si lo haces, será más fácil resolverlo.

Empecé a dedicarle más tiempo de calidad a mi familia. Empecé a cuidar mi salud, a planificar mis días, a ser más eficiente en lo que hago. No se puede cambiar todo al mismo tiempo. Trato de siempre tener un plan. A veces las cosas no salen como quieres, pero si la intención es buena, al final todo va tomando su rumbo.

Sin duda, esta experiencia nunca será perfecta ni saldrán las cosas como las planeas, pero hay que empezar a disfrutar del camino todos los días, sin importar lo difícil que sea la situación. Al fin y al cabo, ¿qué sentido tendría la vida si todo fuera perfecto?

Comencé y sigo estudiando porque me di cuenta de que no sabía absolutamente nada. Temas de superación personal, meditación, metafísica, energía, budismo, yoga, respiración, cómo cambiar nuestra mentalidad para estar sanos, cómo pensar de manera positiva, cómo manifestar, cómo entender la muerte —que eventualmente todos enfrentaremos— y estar mentalmente listos para ella. Mi opinión es que este apenas es el comienzo.

Al mismo tiempo, sentí la necesidad de encontrar cómo ayudar. No siempre se puede ayudar como uno pensaba. Sin duda, quiero apoyar más causas que resuenen conmigo y ayudar a la gente que se cruce en mi camino con lo que pueda y según mis posibilidades. Pero quiero ayudar de otra manera. En los últimos tres años me certifiqué como coach para poder apoyar a quienes quieran hacer un trabajo personal y realmente cambiar su realidad.

En mi experiencia, he aprendido que yo creo mi propia realidad. Cada uno de nosotros vive su propio universo. Nadie puede saber lo que sucede en la cabeza del otro. Hay que entender que lo externo no lo podemos controlar. Lo que podemos controlar es nuestro ser, nuestras creencias, nuestra actitud, nuestros pensamientos, nuestros hábitos, nuestra honestidad, cómo nos tratamos a nosotros mismos y a los demás, y cómo nos expresamos.

Estoy empezando un nuevo proyecto que me tiene muy entusiasmado: el *Camino Medicina*. En resumen, el *Camino*

Medicina es un compromiso de vida. Es un proceso continuo de aprendizaje del misticismo y de la práctica de la sanación. Es entender la vida como la enseñanza suprema y a nuestra esencia como el maestro supremo. Espero que, después de este proceso, tenga aún más autoconocimiento y más herramientas para ayudar a otras personas a entender su propio camino.

Después de mi primera toma de ayahuasca, comencé a hablar sobre mi experiencia. Creo que he conectado con mucha gente que también está haciendo un trabajo personal, gente con la que comparto la misma vibración. Empiezas a sentir la energía de las personas, a estar más abierto, a darte cuenta cuando alguien la está pasando mal. Aprendes a ser más empático, dejas de juzgar, de criticar. Si tienes una opinión sobre alguien, o si alguien te hizo algo que te afectó, aprendes a decírselo con respeto y cariño.

A veces empiezas a sentirte un poco solo. Aunque todos pensamos diferente, chocas con gente que no respeta tu opinión, que te tacha de loco o que quiere que seas como ellos. Pero me doy cuenta de que, si estoy en paz conmigo mismo y todo lo que hago es para tener una mejor experiencia de vida, debo dejar de preocuparme por lo que los demás piensen de mí. A veces es difícil, sobre todo con la gente cercana, pero ahora agradezco que se tomen su tiempo para pensar en mí, criticarme o juzgarme. Algo les estará calando.

He tratado de seguir conociendo a gente, de platicarle al desconocido. He conocido gente increíble los últimos tres años y, si no me he equivocado, creo que he podido empezar a ayudar a gente, ya sea de manera indirecta al solo estar y estar con buena actitud, con amor, con una sonrisa, o gente que sí se te acerca a preguntarte cosas que tratas de contestar con el corazón. Asimismo, también estoy más abierto a escuchar y aprender de todas las personas con las que tengo contacto. Creo que a eso venimos: a aprender de todas las personas con las que tenemos la fortuna de cruzarnos en nuestra vida.

Quiero y sé que voy a seguir encontrando espacios en donde pueda ayudar y donde pueda seguir expresando lo que siento.

Me di cuenta de que una manera en la que sano es a través del canto. La voz sana, y la música nos sana. Mi grupo de amigos siempre ha sido de cantar; casi siempre, en todas nuestras reuniones, cantamos. Poco después de mi sesión de ayahuasca, tuve una tarde increíble con mi familia, en donde canté. Creo que ese día todos lloramos. No fue mi voz lo que conmovió, sino que, por primera vez, canté desde el corazón.

Ese día decidí que tenía que seguir cantando. Tengo dos amigos que tienen equipos de béisbol y, en una fiesta, me dijeron: «¿Por qué no cantas el himno en el estadio mañana?». Me animé a hacerlo. Por un lado, me quité el miedo de pararme frente a un estadio lleno; por otro, descubrí que no sabía cantar el himno. Más bien, no sabía cantar. Tenía voz, como todos la tenemos, pero, como en todo en la vida, hay que conocer la técnica, practicar y entender que es un proceso que lleva tiempo.

Entre los nervios y mi falta de técnica, fue un verdadero desastre. Hasta me pusieron un apodo. No sé si recuerdan la película *The Naked Gun*, donde un policía canta el himno nacional en lugar de un cantante de ópera llamado Enrico Palazzo. Bueno, después de tres gallos y de no poder llegar a algunas notas, se me quedó el apodo de Enrico.

Después de esa experiencia, me metí a clases de canto. Cada vez lo disfruto más y cada vez encuentro más lugares donde puedo cantar y expresar lo que siento dentro de mí. Y, si no los encuentro, canto en la regadera, en el coche, donde sea. Sé que ya no estoy en edad para soñar con una carrera artística, pero ¿por qué dejar de soñar? Nunca dejen de soñar en aquello que les mueve el corazón.

En estos tres años también he ido creando una metodología. Es una metodología con conceptos muy básicos en los que trabajo todos los días y que me han ayudado en este proceso. Estos conceptos son: la gratitud, el amor, el perdón, la verdad, la disciplina y el servicio a los demás. Ya los platicaré a detalle más adelante, pero ahora quiero contarles más de mis experiencias psicodélicas.

Empecé a estudiar mucho sobre psicodélicos. Hay maestros que han venido a este planeta y que trabajaron mucho con estas sustancias. Te empiezas a preguntar: *¿Con qué frecuencia puedo tener estas experiencias? ¿Cuántas veces puedo hacerlo? ¿Hay algún problema si lo hago otra vez? ¿Puedo quedarme en un viaje? ¿Me voy a volver loco?*

La verdad es que me he dedicado a estudiar estas plantas y sustancias, y quiero seguir experimentando con ellas. Siempre con respeto, con preparación, con gente que sepa contenerte, cuidarte y ayudarte a procesar e integrar toda la información que bajas de tu conciencia.

Para mi segunda sesión de ayahuasca, seis meses después, la hice prácticamente con el mismo grupo. Mi familia, mis amigos, y mi esposa me cuestionaron mucho sobre por qué iba a hacerlo otra vez. Me decían que me iba a volver adicto (estas sustancias que he mencionado no generan una adicción física, además de que no se pueden consumir todos los días. Creo que sí puedes volverte un poco adicto mentalmente al viaje, pero vas aprendiendo a reconocer cuándo te llaman y por qué las quieres hacer). También me decían que, si ya había descubierto todo, ¿por qué lo tenía que volver a hacer?

Lo que respondí en ese momento fue: *¿Qué han visto en mi forma de ser, en mi actitud, en los cambios que he tenido para bien, para que me digan que no lo vuelva a hacer?*

Cada viaje que hago, aunque regresa a lo mismo —disfrutar del eterno presente—, siempre me enseña algo nuevo. Sé que la transformación es un trabajo de todos los días. Estas experiencias te indican si vas por buen camino, y al mismo tiempo te siguen mostrando cosas en las que tienes que trabajar más.

Un día le pregunté a un amigo que está muy metido en estos temas cómo podía explicarles a las personas que quiero por qué estoy entrando en estas sustancias, especialmente a quienes difícilmente querrán probarlas algún día. Su respuesta fue: «Los humanos no somos como las mariposas, que solo se transforman una vez en su vida. Somos como las serpientes, que vamos soltando capas y capas durante nuestra vida».

Segunda experiencia de ayahuasca (mis ancestros)

Antes de empezar a contarles sobre mi segunda experiencia con ayahuasca, quiero dar las gracias a todos los maestros que he encontrado en este camino. Ellos me han ayudado a prepararme para estas vivencias: chamanes, psicólogos, *coaches*, familia, amigos. Gracias a todos ustedes tengo la motivación para seguir aprendiendo y mejorando como persona.

Cada vez hay más personas dedicadas a ayudar y transformar la vida de los demás. Se encuentra de todo. Creo que, en el fondo, toda la gente que está en este camino desea ayudar. Sin embargo, también he escuchado comentarios sobre charlatanes que solo realizan ceremonias para ganar dinero.

Y sí, creo que a todos nos puede ganar la ambición, el ego o cualquier otra cosa que nos desvíe del camino, ya sea como sanadores o en cualquier profesión. Pero, al final, pienso que todas las personas son buenas; todos tenemos la misma esencia, aunque a veces nos perdamos un poco en el camino y en las decisiones que tomamos.

Pasaron seis meses desde mi primera experiencia. La intención que llevaba para mi segunda sesión de ayahuasca era preguntar si iba por un buen camino. Afortunadamente, tuve un viaje increíble, lleno de amor. Fue como recibir esa palmadita en la espalda que a veces necesitas y que crees que debe venir de alguien externo, cuando en realidad tienes que dártela a ti mismo.

Estar orgulloso de ti por todo lo que has logrado, este es uno de los principios con los que trabajo en mi metodología: el amor, el amor propio. Reconocer que no ha sido fácil, pero que aquí sigo, y ojalá pueda vivir un día más para seguir aprendiendo y disfrutando. En esos meses logré mucho, al menos entender todo lo que me había pasado, por qué me había pasado y en qué me había equivocado. Logré hacer un plan, ponerlo en marcha y seguir trabajando, hasta hoy que estoy escribiendo esta experiencia.

Escribir también me ayuda a sanar. He aprendido a decir lo que siento a través de las palabras. A veces me cuesta expresarme, pero sé que debo ponerme en situaciones donde pueda hablar cómodamente de estas vivencias sin preocuparme por si lo estoy haciendo bien o por lo que los demás puedan pensar de mí. También espero que este relato ayude a otras personas a entender que no están solas y que siempre habrá alguien dispuesto a ayudar desde el corazón.

Tengo muchos planes. Además de seguir creciendo en mi carrera profesional y continuar con un emprendimiento que, aunque no ha sido fácil, ha ido creciendo poco a poco, quiero darme tiempo para seguir estudiando, cantando, cuidando mi salud y disfrutando de mi familia y amigos, que sin duda son lo más importante para mí.

Fueron muchos años en los que descuidé lo que le metía a mi cuerpo: comida, alcohol, estrés, ansiedad. Hoy, cada día me siento mejor. También estoy intentando implementar un programa de bienestar en la empresa donde trabajo, una empresa a la que nunca dejaré de agradecer porque fue parte de la gente que me ayudó en ese bache de mi vida.

De cierta manera, quiero regresar algo de lo mucho que me han dado. Lo principal que les agradezco es que me han dado la libertad para trabajar en mí, y en el fondo saben perfectamente que mi prioridad profesional es el proyecto en el que estoy involucrado. Si me necesitan, siempre estaré ahí.

A veces quiero avanzar más rápido de lo que puedo y sigo exigiéndome mucho. Pero, gracias a Dios, poco a poco las cosas han ido tomando forma. Aún tengo que trabajar en algunos miedos, como el no sentirme suficiente. Sé que en ocasiones volveré a toparme con una pared, pero ahora sé que, simplemente, debo tomar un camino más largo. Sin duda, llegaré a donde quiero llegar, y, si no, disfrutaré del camino todos los días.

Estoy tratando de estar presente la mayor cantidad de tiempo posible. A veces nos perdemos en nuestra *monkey mind*. Trato de apreciar y contemplar todo lo que está a mi alrededor. Aunque a veces no estoy donde quisiera estar, intento estar lo más presente que puedo. Creo que vivir en el presente me ayuda a hacer las cosas mejor, a ser más eficiente y a administrar mi tiempo.

Estoy llevando un diario donde anoto las cosas «buenas y malas» que me pasan, las decisiones que tomo, si me equivoqué o si dejé algo pendiente. Esta herramienta me ayuda a no dejar asuntos sin resolver y a manejar los problemas del día a día más rápido. A veces hay cosas que no dependen de mí, pero al menos sé que, de mi parte, hice todo el esfuerzo, dediqué el tiempo y trabajé lo que tenía que hacer.

Todos y cada uno de nosotros somos diferentes. Estoy tratando de entender más a las personas, de ser más paciente y tolerante. No es fácil entender a quienes complican las cosas cuando todo podría ser más sencillo. También sé que los demás son un reflejo de las cosas que me gustan y no me gustan de mí. En diferentes niveles y circunstancias, también he sido esa persona: soberbia, hipócrita, cruel, sin empatía, egoísta, envidiosa, mentirosa, crítica, chismosa o que no escucha.

Ahora soy consciente de esos defectos y he trabajado mucho en mi sombra, porque todos la tenemos. Por supuesto que sigo teniendo malos días, porque es parte de la naturaleza humana. Pero voy aprendiendo a reaccionar mejor o, simplemente, a no reaccionar. Cuando siento que alguien no actuó de manera «correcta», sé que es solo un reflejo de lo que no me gusta de mí. Todavía hay ocasiones en las que reacciono, pero trato de responder con amor y compasión porque sé que, detrás de esas actitudes, hay un fuerte dolor.

Hoy dejo que las cosas fluyan. Si no están en mis manos, no hay nada que pueda hacer. Difícilmente convencerás a alguien que tiene una opinión muy clara y no está dispuesto a respetar la tuya. Ese tipo de personas, lo reconozco, yo también lo fui muchas veces en mi vida. Esa gente que dice: «Se hace a mi manera o no se hace». Ahora simplemente los dejo ser.

Por ejemplo, en una negociación o en la manera de resolver problemas, hay muchas personas que quieren poner su toque personal y solo complican las cosas, en lugar de poner en marcha un plan y dejar que sucedan. Obviamente, las cosas no se dan por ósmosis, y hay que entender que a veces tampoco suceden como pensamos. Pero con orden, disciplina y un plan, no me queda la menor duda de que podemos lograr todo lo que nos proponemos y resolver cualquier problema, excepto la muerte. Y si algo no se resuelve, hay que aceptar que, de cierta manera, así tenían que pasar las cosas. Entonces, debemos utilizar ese aprendizaje para mejorar la próxima vez que enfrentemos una situación similar.

En esta sesión llevaron de invitada a una chamana increíble, con profundas raíces en la cultura indígena. La música que tocaba me ayudó a conectarme con mis ancestros. Me mostró todo lo que tuvo que pasar, tanto en el plano físico como en el espiritual, para que yo pudiera tener esta experiencia de vida. Un dato que me voló la cabeza fue que, en las últimas 11 generaciones —unos 300 años—, hemos tenido 4094 ancestros directos, desde nuestros padres hasta nuestros tatarabuelos.

Si pensamos que lo hemos tenido difícil, consideremos que, en los últimos 300 años, nuestros ancestros fueron asesinados, asesinaron, robaron, les robaron, murieron de hambre, enfermaron, se suicidaron, fueron traicionados, estuvieron en guerras… Todo eso ocurrió para que hoy nosotros podamos estar aquí. Esta conexión me enseñó a agradecerles y honrar siempre a nuestros ancestros. Si nos remontamos más atrás en el tiempo, todos venimos de lo mismo... y yo no creo que sea del chango, ¡ja, ja, ja!

Creo que la generación de mis abuelos la tuvo más complicada, sobre todo en términos de educación. Sin embargo, tengo bonitos recuerdos de mis abuelos y familiares que hoy ya no están con nosotros, y de quienes aprendí muchísimo. Trato de recordarlos siempre con cariño: a mi abuela materna en Cuernavaca jugando cartas; a mi abuelo paterno, quien me contaba sus historias en Las Vegas y sobre las apuestas —tenía muchas historias, aunque al final sufrió mucho por una fuerte adicción al juego—; a mi abuela materna, guapísima y linda, pero que se quejaba de todo; creo que me tocaron pocos años buenos con ella.

Aunque no conocí a mi abuelo paterno, le agradezco haber traído a este mundo a una persona tan increíble como mi papá, alguien que amo profundamente. También recuerdo a mi tío Sergio, a quien llamaban el Conde Roffe; vivió una vida alocada y llena de historias increíbles. Al final de su vida tuvo que mudarse a Acapulco debido a un enfisema pulmonar, y se fue muy solo. A mi tía Toni, quien tristemente falleció durante la pandemia. Sin duda, me hubiera gustado conocer más a todos ellos, pero dejaron una huella imborrable en mi vida y siempre estarán en mi corazón.

Creo que, como humanidad, hemos tenido muchas vidas. Han existido muchas civilizaciones, y la historia se repite porque aún no hemos aprendido a vivir en amor, gratitud y unidad; a tratar bien a los demás, sin envidia, celos ni resentimientos. El «experimento» nunca termina bien. Vean cómo está el mundo hoy: guerras, hambre, enfermedades, manipulación, dictaduras... Hay tantas cosas pasando en el mundo.

Trato de no pensar demasiado en ello. Prefiero vivir en mi propio mundo, en paz y armonía. Como dije al principio, si puedo cambiar mi entorno, y las personas en mi entorno cambian el suyo, poco a poco podemos mejorar este hermoso mundo. Sin embargo, la manipulación, el control, las religiones, la educación y los medios nos siguen manteniendo prisioneros en un mundo que creo que necesita cambiar.

La historia siempre se repite; son ciclos. En un universo imperfecto como el nuestro, siempre tiene que existir el caos, lo «bueno» y lo «malo», la luz y la oscuridad. Esa dualidad y polaridad son necesarias para que este mundo físico pueda existir. Sin lo negativo y lo positivo, la materia no podría ser.

No todo es negativo. Aunque a veces somos destructores como seres humanos, también somos creadores. Hemos creado cosas increíbles: la vida, música, arte, arquitectura, comida, tecnología, medicina, ciencia, camaradería, amistades, relaciones extraordinarias. La creación está ahí; solo necesitamos enfocarnos en utilizarla para el bien común, no solo para unos cuantos.

El mundo a veces no es así, y solemos complicarnos las cosas. Pero me he dado cuenta de que, con el simple hecho de respirar, ya lo tengo todo. Por alguna razón, el universo nos da todo lo que necesitamos; solo es cuestión de cómo lo manifestamos para que se haga realidad. Al final del día, la vida está en los pequeños detalles y en las experiencias que compartimos con nuestra familia y amigos.

El poder estar en paz es invaluable. Claro que los problemas del día a día siguen existiendo y que, a veces, las cosas no salen como quiero. Pero trato de ajustarme y dejar que las cosas sucedan, estresándome lo menos posible.

Ese día también me enseñó algo que, de cierta manera, ya me había mostrado antes, pero esta vez fue diferente. Anteriormente, había sentido la conexión con las personas; ahora, me mostró la conexión que tenemos con nuestro planeta y con todos los seres que viven en él. La ayahuasca, como comenté, es de origen amazónico. Durante el viaje, realmente sientes como si estuvieras en la jungla.

Nunca fui muy conectado con los animales, pero hoy tengo una relación increíble con ellos y con nuestra madre Tierra, que para mí es el ser viviente más asombroso que existe en este plano físico. Hay que agradecerle el poder estar aquí y todas y cada una de las bendiciones que nos da, empezando por el simple hecho de respirar.

Los humanos solo somos invitados a estar aquí por un rato. Sin entrar en temas como el calentamiento global o las múltiples formas en que estamos destruyendo nuestro entorno, trato de ser más consciente de las cosas que utilizo todos los días para cuidar el ambiente. Me falta mucho, pero al menos ya empecé. Creo que todos podemos poner nuestro granito de arena para cuidar a este increíble planeta y preservarlo para las próximas generaciones.

Algo que me enseñó la ayahuasca ese día, y que es difícil de explicar con palabras, fue que vi y sentí muchos planos de conciencia. Aquí los llamamos dimensiones. Según esto, la experiencia humana se vive entre la tercera y la quinta dimensión.

La tercera dimensión es este plano físico en el que vivimos. Para que exista, tiene que haber dos polos: positivo y negativo; de lo contrario, la materia no podría existir. Nuestro cuerpo, que solo tenemos por un rato, es materia, y para existir necesitamos esta dualidad. Por eso, hay que aprender a conocer esa dualidad en nosotros mismos, porque sin ella no podríamos existir.

La quinta dimensión, en cambio, es una expansión mayor de la conciencia. Es la percepción de que todos estamos conectados. Es entender que lo que sucede afuera no tiene nada que ver contigo, que las cosas no pasan como tú quieres que pasen. En esta dimensión, se razona de manera más espiritual.

Aunque seguimos teniendo libre albedrío, no nos equivocamos tanto en los caminos que tomamos. Y, si nos equivocamos, es más fácil y rápido corregirlo. En la quinta dimensión, ves el mundo de otra manera: escuchas los pájaros, abrazas a un árbol, caminas por la vida lleno de gratitud. Tratas de dejar fluir las cosas.

Con un buen plan, haciendo las cosas bien y sin dañar a los demás, prácticamente todo se va resolviendo. Y si no se resuelve, entonces era porque así tenía que ser.

Ese día vi varias dimensiones o planos de conciencia. Lo interesante es que todas están aquí, en este eterno momento presente. Porque el pasado definitivamente ya no existe, y el futuro tampoco. Solo existe este momento. Todo está ocurriendo ahora mismo. Sin embargo, para vivir esta experiencia carnal y física, donde todo se siente, tenemos que estar en la tercera dimensión. Todavía me cuesta trabajo explicar esto, pero es lo que viví en esta experiencia.

A raíz de esto, comencé a leer sobre las leyes universales: todo es mental, correspondencia, vibración, polaridad, ritmo, causa y efecto, y generación.

Al final de la ceremonia, canté. Después de una experiencia así, sientes que tu voz sale desde el corazón. Es lo que quiero: cantar con el corazón. Espero algún día poder cantar en una ceremonia. Sé que todo es un proceso; si llega ese momento, será increíble, y si no, nunca dejaré de querer cantar.

Un poco más sobre la ayahuasca

Como ya mencioné, comencé a platicar mucho sobre estas experiencias. No para convencer a nadie de que las tenga, sino simplemente para compartir cómo han transformado mi vida. Como he dicho, no es para todos. Hay muchos caminos para hacer un trabajo de introspección. Lo mío, lo mío, son los psicodélicos… ja, ja, ja. No, en serio, los psicodélicos son solo una pequeña puerta que nos muestra quiénes somos. El verdadero trabajo se hace todos los días, tratando de ser una mejor persona y superándonos continuamente.

Con lo único que debemos competir en esta vida es con nosotros mismos: ser mejores que ayer. Seguramente habrá días en los que vayamos hacia atrás, pero la intención siempre debe ser mejorar.

Existe mucha gente curiosa, y me empezaron a pedir que organizara más sesiones. Por eso, las últimas tres experiencias de ayahuasca que he tenido fueron organizadas por mí. Siempre grupos pequeños, con personas que querían vivir esta experiencia. Yo también participé en estas ceremonias como viajero, pero al ser el organizador, sentía una responsabilidad por lo que los demás estaban viviendo durante la ceremonia.

Tuve avances importantes en mi crecimiento personal con estas experiencias. Cada vez me trataba mejor la abuela (la ayahuasca). Además, le agarré mucha confianza y cariño al chamán que conocí para mis dos primeras ceremonias. Él ha sido mi guía en las cinco sesiones. Es un conocedor de psicología y chamanismo, y te guía con una voz espectacular.

De estas tres últimas sesiones me llevé muchísimo. Sin duda, seguía en este camino de conocerme más a mí mismo, de hacerme preguntas. Me seguían surgiendo muchas cosas que ni recordaba, pero al mismo tiempo me llevé historias increíbles. Además, aprendí mucho de los demás. Te das cuenta de que, aunque tus experiencias fueron dolorosas, no se comparan con lo que otros han vivido.

Espero que las personas que participaron conmigo en estas ceremonias se hayan llevado el mismo regalo que yo: disfrutar un poco más de la vida y encontrar la fuerza para sanar las experiencias que emergieron en sus viajes.

Afortunadamente, nunca tuve una mala experiencia, pero hay quienes cuentan que pasaron por momentos muy difíciles. Creo que, si yo no hubiera comenzado a trabajar todo lo que surgió en mi primera experiencia, definitivamente estaría viviendo un infierno. Estas ceremonias sacan a la luz muchas cosas que ya ni recordabas.

Antes de seguir platicándoles de mis viajes, quería comentarles que, aunque me han enseñado cosas que a veces son difíciles de imaginar, he empezado a reconocerme, a acordarme de mi esencia. Comencé a darme valor, comencé a quererme.

Al final, me di cuenta de algo muy importante: aunque estas experiencias me han cambiado la vida, la experiencia psicodélica más fuerte que existe es esta vida que estoy viviendo.

¿En qué otro lugar puedo ver un cielo azul? ¿En qué otro lugar puedo disfrutar una puesta de sol? ¿En qué otro lugar puedo escuchar la risa de mis hijas, comer cosas deliciosas, conocer lugares increíbles, amar, respirar o conocer gente única y maravillosa? No podría parar de describirlo. Para mí, la vida es la experiencia más psicodélica que he tenido. Aunque a veces es difícil, trato de disfrutarla al máximo.

LSD

Después de mis primeras experiencias psicodélicas con ayahuasca y de comenzar a adentrarme más en este mundo, desde mi práctica meditativa hasta los pequeños cambios que empecé a implementar en mi manera de actuar y de ver las cosas, tuve la fortuna de encontrar a una persona que, hasta la fecha, sigue siendo una gran maestra. Ella me ha enseñado a ver nuestro mundo desde otra perspectiva, a aceptarlo tal y como es, a seguir entendiendo el porqué de las cosas y, sobre todo, a dejar de pelearme con lo que sucede a mi alrededor

Llegué a ella a través de otra amiga con quien siento que vamos de la mano en este camino. Es un camino de autodescubrimiento, entendimiento, aprendizaje, y de explorar cómo podemos mejorar nuestro entorno y sacarle el máximo provecho a esta experiencia de vida, que un día inevitablemente terminará.

Nunca había estado en terapia, y como parte del proceso previo a esta invitación a una ceremonia de LSD, tuve varias sesiones terapéuticas. Estas me ayudaron a comprender un poco más sobre el origen de mis traumas, a entender por qué tomé algunas decisiones en mi vida que terminaron lastimándome, y a evaluar si estaba listo para experimentar con una sustancia que genera un viaje de 12 a 15 horas.

Para quienes no conocen el LSD, la dietilamida de ácido lisérgico (LSD 25 o simplemente LSD), también conocida como «lisérgica» o «ácido», es una sustancia psicodélica semisintética derivada de la ergolina y de la familia de las triptaminas. Produce efectos psicotrópicos que pueden incluir alucinaciones con ojos abiertos y cerrados, sinestesia, distorsión en la percepción del tiempo, alteraciones en la percepción de la realidad, la conciencia y los sentimientos, así como sensaciones o imágenes que para el consumidor pueden parecer reales.

El LSD se utiliza principalmente como sustancia recreativa ilegal, como enteógeno y, en algunos países, como medicamento legal bajo prescripción médica en psicoterapia. Por lo general, se ingiere tragándolo o colocándolo debajo de la lengua, aunque también puede ser inyectado. A menudo se encuentra en el mercado negro en forma de papel secante, gelatina o terrones de azúcar.

Aunque los estudios científicos realizados hasta ahora muestran que el LSD no causa adicción, su consumo puede provocar reacciones psiquiátricas adversas, algunas potencialmente graves, como ansiedad, paranoia y delirios.

Albert Hofmann, quien descubrió el LSD por accidente, dejó este pensamiento concluyente sobre la promesa futura de las sustancias psicodélicas antes de morir:

> La enajenación de la naturaleza y la pérdida de la experiencia de ser parte de la creación viviente es la mayor tragedia de nuestra era materialista. Es el motivo causante de la devastación ecológica y el cambio climático. Por lo tanto, le atribuyo la más alta importancia al cambio de conciencia. Considero las sustancias psicodélicas como catalizadores para ello.
>
> Son herramientas que guían nuestra percepción hacia áreas más profundas de la existencia humana, para que de nuevo podamos volvernos conscientes de nuestra esencia espiritual. Las experiencias psicodélicas, en un contexto seguro, pueden ayudar a que nuestra conciencia se abra a esta sensación de conexión y de ser uno con la naturaleza.
>
> El LSD y las sustancias relacionadas no son drogas en el sentido usual de la palabra; más bien, forman parte de las sustancias sagradas que se han usado durante miles de años en contextos rituales.

Después de tres meses de sesiones de terapia y de preparación, tuve mi primera —y hasta ahora única— experiencia con LSD.

La ceremonia se llevó a cabo en un cuarto oscuro. Llevábamos antifaces y éramos cuatro participantes. Nos acompañaron alrededor de diez personas de apoyo durante el viaje. Además, junto a cada uno de nosotros había una persona que actuaba como «marca personal», y otras seis personas tocaban instrumentos y cantaban.

Después de consumir LSD, los efectos comienzan a notarse entre 20 y 30 minutos después. Quien lideraba la ceremonia nos dijo: «Ahora sí, abróchense los cinturones que estamos a punto de despegar». La verdad, no sabía que la experiencia que estaba por vivir sería como una locomotora. Las primeras cuatro horas estuvieron completamente fuera de mi control.

En el momento en que empezó a hacer efecto, le pregunté a la persona que me estaba cuidando cuánto tiempo llevábamos. Me contestó que 10 minutos. Para mí, fueron los 10 minutos más largos de mi vida. Durante esas primeras cuatro horas, pensé que había muerto. Literalmente, sentía que estaba regresando a la realidad en otra dimensión. Para explicarlo con un ejemplo, era como si me hubiera tomado la pastilla roja de *Matrix* y se hubiera acabado la ilusión que había vivido durante tanto tiempo.

En ese momento preciso, vinieron a mi mente todos mis seres queridos. No estaba asustado, pero sentía mucha tristeza al pensar que ya no los volvería a ver. Al mismo tiempo, sentí una profunda gratitud por la hermosa experiencia de vida que había tenido. Recuerdo haberle preguntado al guía: «¿Quiénes somos? ¿Qué somos?». Él solo sonreía.

Después de esas cuatro horas de perder el control —recuerden que es un viaje de 12 horas—, comencé a recuperar cierto dominio sobre la experiencia. Aunque viajé a lugares que están muy borrosos en mi memoria, lo que tengo claro es que mi conciencia ya no estaba en mi cuerpo; estaba en otros planos.

Cuando finalmente tomé el control del viaje, empecé a observar todas las relaciones de mi vida: con mi papá, mi mamá, mis amigos, mis hijas, mi trabajo... Pero las veía desde fuera, como si las estuviera observando. Parte del aprendizaje que surge al consumir estas sustancias es entender que todo lo que pasa a nuestro alrededor no lo podemos controlar; solo podemos observarlo. A veces, ni siquiera podemos controlar nuestros pensamientos. Por eso, debemos aprender a observarlos, comprender por qué están ahí y dejarlos ir.

Comienzas a entender que tus reacciones ante lo que sucede son solo eso: reacciones de cómo percibes las cosas. Dejas de juzgar, de ser la víctima, y comprendes que cada persona está viviendo su propia realidad.

Dediqué gran parte de esta ceremonia a mi papá. He tenido un gran papá: presente, cariñoso y generoso. Pero, como cada uno vive su experiencia de manera diferente, en algunos momentos de mi vida sentí que me había dejado solo o que había sido duro conmigo. A veces, me sentía en competencia con él, porque lo único que quería era que estuviera orgulloso de mí.

Como esa generación de padres es muy reservada y les cuesta expresar lo que sienten, creo que pocas veces me lo dijo. Hoy sé lo orgulloso que está de mí, pero primero tuve que aprender a estar orgulloso de mí mismo.

En el viaje vi su vida y traté de ponerme en sus zapatos. Aunque creo que ha tenido una vida increíble, también entiendo que ha enfrentado momentos muy difíciles: perdió a su papá de niño, fue traicionado por su hermano, su nobleza lo ha llevado a que se aprovechen de él muchas veces —yo mismo lo hice inconscientemente—, y perdió a un hijo. A pesar de todo, es el mejor abuelo y papá.

Entendí que lo que interpreté como dureza por su parte eran solo pensamientos míos y que debía comprender esas experiencias como parte de mi vida.

Recuerdo un episodio con un supuesto amigo que nos pidió dinero. Sin entrar en detalles, nos vieron la cara y todo terminó muy mal. Durante años, por la forma en que mi papá me decía las cosas, me sentí culpable de lo que había pasado. No es que él me hiciera sentir culpable, sino que así lo percibí. Con el tiempo, entendí que suelo tomarme las cosas de manera muy personal.

Como mi forma de actuar con los demás casi siempre es «buena» —a veces por querer agradar o pertenecer—, esperaba que la gente actuara igual conmigo. Pero la realidad es que cada uno trata a los demás según su propia perspectiva. Hoy trato de no tomarme las cosas tan personales.

El tema con mi amigo se resolvió después de siete años. Ese día, decidí mostrarle a mi papá cómo, a pesar de esa pérdida, habíamos tenido otras ganancias. Le hice un balance para explicarle que, después de todo, los números eran positivos. Sentí que era algo que debía hacer en ese momento, aunque no sé si fue lo correcto.

Años después, enfrentamos una situación similar. Esta vez, por los comentarios de mi papá, volví a sentirme culpable de algo que no era mi responsabilidad. Con cariño, le dije: «Sé que no dices estas cosas para hacerme sentir mal, pero por mi forma de ser, me siento así». Después de esa conversación, las cosas se arreglaron para mí.

Independientemente de cómo he vivido mi experiencia con mi papá, lo amo con todo mi corazón. Me encanta pasar tiempo con él, aprender de él y disfrutarlo cada vez que puedo.

Lo más positivo que pude trabajar en este viaje fue la forma de ver mi relación con mi papá. Hoy me siento más tranquilo por haber hablado ciertas cosas con él y por entender y aceptar las cosas como son.

En resumen, mi experiencia con LSD fue muy intensa. Surgieron cosas muy similares a mis viajes con ayahuasca. Creo que, con todos los psicodélicos, experimentas una pequeña muerte que te permite ver desde otra perspectiva las cosas que te han pasado en la vida. Aprendes que no tienes que ser tan duro contigo mismo ni sentir tanta culpa por lo ocurrido.

Todo sucede por una razón, y nada es permanente. Aunque los momentos difíciles llegan, también pasan. Lo importante es aprender a reaccionar cuando las cosas no suceden como queremos, porque tratar de controlar todo lo que pasa a nuestro alrededor es prácticamente imposible.

Hikuri (peyote)

Tengo un grupo de amigos muy especial. La mayoría de nosotros nos conocemos desde hace 40 años, aunque en promedio llevamos unos 30 años de amistad. Nuestro grupo ha evolucionado con el tiempo; nos hemos unido con amigos de la universidad, del trabajo y con personas que hemos conocido a lo largo de la vida. Sin embargo, el grupo original de amigos —mis hermanos de la infancia— sigue cerca. Estoy profundamente agradecido por este círculo de amistad que me ha acompañado en el camino, aunque sea solo por momentos.

En este andar, he encontrado *psiconautas* dentro de mi grupo de amigos. Con algunos de ellos he vivido diferentes experiencias. Hay un grupo llamado «Los Guerreros del Vapor», porque solían asistir semanalmente a ceremonias de temazcal.

Parte de ese grupo organizó un viaje al desierto de San Luis Potosí, específicamente al Cerro del Quemado, para experimentar con peyote y conectar realmente con «el abuelo» —como se refieren al peyote. Este lugar es donde los huicholes tradicionalmente realizan sus ceremonias. Cada año, emprenden una caminata desde Nayarit y Jalisco hasta el Cerro del Quemado en San Luis Potosí, donde aún se encuentra un lugar sagrado resguardado por esta comunidad.

¿Qué es el peyote?

El peyote es un cactus alucinógeno que crece en el desierto de México y en regiones del suroeste de Estados Unidos. Es conocido por su importancia cultural y religiosa en las tradiciones de pueblos indígenas como los huicholes y los tarahumaras.

El peyote contiene mezcalina, una sustancia psicoactiva que produce efectos alucinógenos y tiene un profundo significado espiritual para quienes lo consumen en ceremonias rituales. Se cree que esta planta ha sido utilizada con fines ceremoniales durante miles de años.

La historia del peyote está profundamente arraigada en las creencias y tradiciones de los pueblos indígenas mexicanos, quienes consideran esta planta sagrada y la utilizan en rituales religiosos para conectarse con lo divino y obtener visiones espirituales.

A lo largo del tiempo, el peyote ha sido objeto de regulaciones gubernamentales debido a sus efectos psicoactivos. Actualmente, sigue siendo una planta sagrada para muchas comunidades indígenas, y su uso está protegido por la ley en ciertos contextos ceremoniales.

La preparación del viaje

Planeamos este viaje con anticipación. Decidimos reunirnos un par de veces con el chamán que nos acompañaría, un hombre increíble, lleno de experiencia y sabiduría. Este chamán conocía bien el desierto y tenía los contactos necesarios para pedir permiso a las autoridades locales para acampar en un lugar considerado sagrado. En un país como México, con los problemas de seguridad actuales, es importante avisar a la gente de la zona sobre el propósito de nuestra visita.

Las reuniones previas incluyeron un par de ceremonias de temazcal. Nunca había participado en una ceremonia de este tipo, aunque me encantan el vapor y el sauna. Fuimos a un lugar en La Marquesa, donde hay temazcales, y las dos ceremonias que tuvimos fueron muy significativas. Estas ceremonias nos permitieron conectar con el grupo y prepararnos para el viaje al desierto.

El temazcal es una experiencia especial; dentro de él, se recrea el vientre materno, y al salir se simboliza un renacimiento. Aunque son sesiones largas e incómodas —con calor extremo y dificultad para respirar—, te enseñan a encontrar comodidad en la incomodidad y a aceptar que todo es pasajero.

El viaje al desierto

El viaje a Real de Catorce, en San Luis Potosí, lo hicimos en coche. Fueron aproximadamente siete horas de camino. Yo fui en la camioneta del chamán junto con otro amigo. Solo hicimos un par de paradas para comer y cargar gasolina. Esa noche llegamos a Estación Catorce. Al día siguiente, antes de ir al Cerro del Quemado, nos reunimos con un guía local para participar en lo que llaman «la cacería del venado», que consiste en buscar el peyote que consumiríamos al día siguiente.

Por la noche, tuvimos una pequeña ceremonia donde compartimos nuestras intenciones para el viaje. Este momento es muy importante para mí en cualquier ceremonia, ya que permite conocer las inquietudes, miedos y experiencias del grupo, además de escuchar las historias del chamán sobre sus viajes anteriores al desierto.

La cacería del venado

La «caza del venado» es una metáfora que representa el proceso de búsqueda y recolección del peyote. Según la historia, durante las peregrinaciones al Cerro del Quemado, un venado guio a los indígenas hacia el lugar donde estaba el peyote. Cuando lo encontraron, no solo les ayudó a sobrevivir al hambre y la sed —ya que el cactus contiene mucha agua—, sino que también descubrieron sus propiedades psicodélicas.

El primer peyote que encuentras no es para ti; debes dejarlo. Los siguientes son los que puedes cortar para consumir durante el trayecto al lugar de la ceremonia, en las faldas del Cerro del Quemado. Se nos pidió no cortar más de lo necesario, ya que el peyote tarda muchos años en crecer.

El cactus, que tiene pequeños gajos, varía en tamaño desde un limón hasta una mandarina. Yo corté unos 14 peyotes. Por la emoción, comenzamos a comerlos inmediatamente. Más tarde, fuimos a Real de Catorce para preparar todo lo necesario para subir a la montaña.

La caminata

La caminata hasta el lugar de la ceremonia fue increíble. No había nada alrededor, solo el vasto paisaje del desierto. Nos tocó un día soleado, pero sabíamos que en la noche haría muchísimo frío, y no contábamos con las fuertes ráfagas de viento que nos esperarían.

Durante la caminata seguimos comiendo peyote. Su sabor es muy desagradable y masticarlo se vuelve agotador, pero la emoción nos impulsaba a continuar. Aprendimos que el peyote puede molerse, prepararse en té o endulzarse con miel, pero nosotros lo acompañamos con fruta para mitigar el sabor. Aun así, terminamos vomitando debido a la cantidad que habíamos consumido.

A diferencia de otros viajes psicodélicos que he tenido, este fue mucho más hacia afuera que hacia adentro. Disfruté el contacto con la naturaleza, los paisajes, los colores, el fuego y el viento.

Una vez que llegamos al lugar donde íbamos a acampar, todavía quedaba una última subida al Cerro del Quemado. Este es el destino final de las peregrinaciones anuales de los huicholes que llegan desde Nayarit y Jalisco. Al llegar, realizamos una pequeña ceremonia y tuvimos la fortuna de que la cuidadora del templo nos permitiera entrar. Además, realizó una oración especial por nosotros. Incluso el chamán que nos acompañaba, a pesar de haber visitado el desierto en numerosas ocasiones, nunca había tenido la suerte de que le permitieran entrar al templo.

Lo que más me impresionó fue la gente que cuida el templo. Están completamente aislados del mundo, viviendo en condiciones de una humildad extrema. Es difícil imaginar que puedan estar al tanto de lo que ocurre en el resto del mundo, pero el lugar emana una energía especial.

Seguimos consumiendo peyote, y a diferencia de otras sustancias psicodélicas, este cactus no te inmoviliza; al contrario, parece darte fuerza para continuar el proceso.

Toda la noche estuvimos alrededor del fuego, pero el clima fue tan complicado, con ráfagas de viento intenso, que no tuvimos un momento de tranquilidad. Apenas logré conectarme durante un breve periodo. Aun así, aproveché para dar las gracias y honrar a mis abuelos, ya que, al peyote, como mencioné antes, se le llama «el abuelo». La incertidumbre causada por el clima y la ubicación remota en medio del desierto hizo que todos en el grupo tuviéramos experiencias similares.

Sin duda, volvería a consumir peyote, pero creo que ya no lo haría en el desierto. Optaría por un entorno más controlado. A pesar de esto, nunca olvidaré esa experiencia, especialmente por la convivencia con personas que hoy son muy importantes para mí.

En resumen, este viaje me enseñó que, incluso cuando las condiciones son adversas y no la estoy pasando bien, jamás debo rendirme. Aprendí a no sentirme mal si las cosas no salen como las planeo, y a seguir trabajando diariamente para ser una mejor persona. Aunque parte de mi proceso personal es aprender a disfrutar mi soledad, ahora sé que siempre contaré con un grupo de amigos para enfrentar cualquier situación que se me presente. Y aunque a veces me sienta solo, sé que hay personas que siempre estarán ahí para acompañarme.

Sapo (Bufo alvarius)

¿Qué es?

Esta nota fue escrita por uno de mis maestros y facilitadores de bufo:

> El contexto general de la medicina del sapo es que la consumimos por vía pulmonar, de manera que entra directamente al torrente sanguíneo, a diferencia de la ayahuasca, que necesita pasar por el proceso de digestión para ser sintetizada, creando así la experiencia de conexión total con la fuente. El *5-MeO-DMT* es la forma más potente de DMT que existe en el mundo, y se extrae del veneno del sapo de Sonora.
>
> Richard Strassman demostró que este componente, llamado DMT, es secretado por el cuerpo humano en momentos específicos de la vida, como durante el nacimiento, la muerte y procesos profundos de meditación. Esta secreción ocurre en la glándula pineal, la hipófisis y la pituitaria.
>
> Al llevar al cuerpo de manera consciente a este estado alterado —similar a lo que ocurre en estos momentos específicos de nuestra vida y que podría compararse con estados yóguicos o de iluminación—, estamos proporcionando herramientas a nuestros hemisferios cerebrales para generar estrategias diferentes para comprender aquello que nos hace tropezar.
>
> Estas estrategias nos ayudan a deducir y sintetizar nuestra vida, permitiéndonos conocer nuestro cuerpo

sutil (emociones y sentimientos) sin bloqueos, y discernir entre el mundo ilusorio creado por el bombardeo social y nuestra voz interior, que solemos acallar.

De esta forma, tomamos conciencia de hacia dónde queremos dirigirnos, diferenciando entre lo que deseamos y lo que tenemos.

Esta sustancia, al ser tan familiar para el cerebro —su composición molecular es casi idéntica a la de la serotonina, que regula nuestros estados emocionales—, provoca una especie de 'sacudida' de todo lo heredado. Nos ayuda a consolidar o recuperar nuestra personalidad, pues regula la química cerebral y crea una distancia entre nuestros comportamientos superficiales, mecanismos de defensa o barreras psicológicas adoptadas a lo largo del tiempo (como el abandono, desilusiones amorosas o experiencias traumáticas).

Al estimular la glándula pineal, que dirige nuestros hemisferios cerebrales, se genera armonía entre nuestro cuerpo físico y emocional. Esto nos lleva a experimentar una paz infinita al término de la sesión.

El cerebro, además del estímulo en la glándula pineal, ha demostrado a través de imágenes de radioimagen que, en el área del lóbulo occipital, encargada de conceptualizar la realidad que experimentamos, la actividad cerebral se eleva a niveles casi el doble de lo normal. Es en esa zona donde se registra lo que muchos llaman «el levantamiento del velo de la ignorancia», permitiéndonos experimentar el todo y verlo en su plenitud. Con este viaje se busca alcanzar un estado de nirvana, de conexión total con el universo y de presencia en la vacuidad, trayendo consigo sanación y bendiciones.

A nivel astral, esta experiencia supone un reseteo completo de todos los campos energéticos, conocidos como «chakras», creando una armonía integral en el ser. Además, provoca una disolución total del ego, el causante del universo ilusorio que experimentamos.

Desde que comencé con estas experiencias, siempre supe que algún día me animaría a experimentar con el Bufo, el famoso «llamado». Siempre tuve curiosidad, y aunque hay personas que lo hacen como su primera experiencia psicodélica, yo preferí esperar un poco. Sentía que, para mí, sería como una especie de graduación después de todas las experiencias que ya había tenido. Además, ya había recorrido cierto camino en mi apertura de conciencia.

El Bufo es un viaje muy corto, pero de una intensidad inmensa. Durante aproximadamente 7 a 8 minutos, sales completamente de tu cuerpo, y tardas otros 12 minutos en recuperar el control. Me preparé durante aproximadamente un mes para esta ceremonia, con muchas meditaciones de visualización, ejercicios de respiración y cuidando que mi cuerpo estuviera lo más limpio posible de otras sustancias.

El día de la sesión, me explicaron detalladamente lo que iba a sentir, lo que podría ocurrir y cómo debíamos fumar. El Bufo se consume mediante una pipa larga, y la inhalación debe ser profunda y prolongada, lo máximo que puedas.

En el momento en que terminé de inhalar, sentí un zumbido en la cabeza, y en menos de un segundo ya no estaba aquí. Es difícil de describir lo que vi, pero lo llamaré «todo el universo». Me sentí en paz, me sentí parte de todo, y antes de regresar a mi cuerpo, experimenté cómo todo se condensaba en un punto, como si fuera el Big Bang, pero al revés.

Durante la experiencia, sentí prácticamente todas las emociones que he vivido en mi vida: amor, bondad, gratitud, odio, rencor, miedo, angustia, éxtasis, sufrimiento, felicidad. Me di cuenta de que todas estas emociones son necesarias en esta experiencia física, pues son parte del desarrollo y del aprendizaje.

Cuando empecé a tomar conciencia de mi cuerpo, me invadió una profunda melancolía por no estar en ese estado. Sin embargo, comprendí que mi lugar ahora es aquí, en esta experiencia humana, y que mi propósito es aprender, mejorar cada día, ayudar y estar profundamente agradecido por vivir esta vida.

Además, reafirmé algo que ya había descubierto en otras experiencias: todo está ocurriendo en este momento. No existe el pasado ni el futuro; todo lo que sucede en este universo está ocurriendo en este eterno momento presente. Y hoy me toca vivirlo en este personaje que soy.

Uno de los retos más grandes de esta experiencia es integrar toda la información recibida. Tanto la subida como la bajada son intensas. Me invadió la melancolía de no poder permanecer en ese estado y también el temor de no recordar esta experiencia cuando deje este mundo. Reconozco que esto sigue siendo parte de mi ego, lo que me indica que aún tengo mucho trabajo por hacer para desapegarme de esta experiencia cuando llegue el momento de partir.

Conforme he ido integrando esta experiencia, he comprendido que, aunque mi perspectiva ha cambiado, no es sencillo superar los miedos. No es fácil actuar siempre desde el corazón, ya que el miedo a no pertenecer, al juicio, a la crítica o al rechazo sigue presente. Sin embargo, he aprendido que la única persona con la que debo quedar bien soy yo mismo, siempre y cuando no pase por encima de nadie.

Esta experiencia también me enseñó que todas las respuestas y el universo entero están dentro de nosotros. Si busco respuestas afuera, incluso las espirituales, nunca las encontraré. Todo está conectado; no hay separación entre lo interno y lo externo, ni entre lo físico y lo espiritual. Todo es parte de lo mismo. Esto me ayudó a reconocerme, a dejar de pensar en este personaje como lo único que existe, y a observar lo que sucede a mi alrededor desde una perspectiva más amplia.

Xanga

Veinte días después de mi experiencia con bufo, como parte del proceso de integración, mi facilitador me propuso fumar xanga. La xanga es una sustancia psicodélica compuesta por una mezcla de plantas ricas en DMT. Produce efectos visuales intensos, alteraciones perceptuales y cambios cognitivos profundos.

A diferencia del Bufo, la experiencia con xanga es más sutil, ya que conservas el control de tu cuerpo. Mientras que el bufo requiere una sola inhalación profunda, la Xanga se fuma en varias inhalaciones, al estilo de «una María, dos Marías, tres Marías». Mi facilitador mencionó que él había llegado a nueve inhalaciones; yo llegué a seis. Aunque no buscaba romper un récord, quise experimentar hasta donde podía.

Con la xanga, sentí una activación intensa en la zona del tercer ojo. Comencé a ver un lugar que ya conocía, pero de una forma más clara. Los colores eran vibrantes, los sonidos más nítidos, y las formas parecían distorsionarse y transformarse en patrones de geometría sagrada. La segunda vez que fumé lo hice con los ojos abiertos, y fue impresionante ver las frecuencias, los fractales y toda la energía que me rodeaba.

Mi segundo bufo, que realmente yo le voy a llamar «mi proceso con el bufo» y lo que he aprendido. Según yo, voy a hacer cinco sesiones con bufo y xanga, y de ahí vemos qué es lo que sigue. Va a ser un proceso de casi dos años.

La verdad es que, durante los dos meses después de mi primera experiencia con bufo, que me revolcó por todos lados, fui entendiendo que yo solito me di la revolcada. Es parte del proceso que debes vivir con esta sustancia, porque en la vida siempre vamos a tener las mismas pruebas, los mismos problemas y las mismas inquietudes; es nada más cómo actuamos y cómo vemos las cosas.

Definitivamente, una parte del proceso me costó mucho trabajo, pero pues así es la vida. No sé si fue una prueba, pero me pasó de todo en estos dos meses; ni para qué contarles. La verdad es que fueron puras cosas banales que nada más nos preocupan a lo tonto, pero bueno, es parte del show.

Durante uno de los meses que estoy en el camino medicina, me tocaba trabajar mi segundo chakra, donde parte del proceso es estar en agua, dejando que todo fluyera. Qué cosa… mientras trabajaba y trabajaba para que todo fluyera según yo, las cosas cada vez se complicaban o, de cierta manera, no sucedían.

La verdad es que me estaba ahogando en un vaso de agua. Yo soy muy claro, soy un libro abierto. Ser así sirve para unas cosas, pero para otras no, porque la gente se toma las cosas muy personales. Yo también me las tomaba muy personales, a veces todavía, pero trato de soltarlo muy rápido. Es porque sigo creyendo que, a veces, la gente abusa un poco de mi nobleza, ya que de cierta manera trato a las personas con respeto y con cariño la gran parte del tiempo.

Pero a veces se me va el comentario, o el chisme, o el juzgar, que sin duda es parte de mi naturaleza humana. Trato de reconocer muy rápido en lo que estoy cayendo y ser un poco más consciente de cuándo me está pasando.

En una plática con amigos, alguien muy cercano a mí, a quien quiero como a un hermano, notó algo y me preguntó qué me pasaba. La verdad es que casi exploto. Dije un par de cosas que a lo mejor no debía decir, pero al día siguiente nos vimos y platicamos. Me dio muy buenos consejos (a veces no sabes por dónde te va a llegar un buen consejo, pero siempre hay que tratar de escuchar y estar abiertos a lo que nos dicen).

Ese día, uno de los temas que tenía atorado se resolvió; simplemente había que hablar las cosas. Casi todos los demás temas que tenía atorados están por resolverse, no como me hubiera gustado, pero igual es otra de las cosas que hay que soltar también. Mientras tanto, sé que hice mi mejor esfuerzo con mi mejor intención. Y si las cosas no salen como quiero, hay que dejarlas ir.

Así empecé a soltar y se resolvieron otras cosas. Al final, nada es permanente, es un ciclo, donde tienes que aprender a controlar tu mente para no caer en esos ciclos otra vez, porque así es la vida: hay cosas increíbles y, al mismo tiempo, cosas «malas». Hay que aprender a aceptarlas, cada uno en su experiencia. En fin, todo pasó.

Llegué a mi segunda sesión, bastante nervioso. Estaba preocupado de que nuevamente me iba a dar el mismo revolcón, pero ahora con otros temas. Le platiqué esto al chamán, le dije cuál quería que fuera mi intención. Le comenté que no quiero abusar, pero que quiero conocer más de mí, más de ese lugar al que fui. Quiero aprender más de energía, de cómo sanar, de cómo poder compartir más de estas experiencias, de cómo hablar de Dios, de aprender más de mi luz, de entender más mi sombra.

Aún no asimilo bien esta segunda experiencia porque acaba de pasar hace una semana. Como les platiqué, durante la sesión fumas dos veces. La primera estaba muy nervioso, pero regresé a ese mismo lugar lleno de amor, lleno de paz, lleno de armonía. Es un lugar tan familiar que es difícil de describir. La segunda fumada me llevó a la presencia absoluta, al estar en el aquí y en el ahora, a entender que todo es conciencia, a entender que somos creadores.

Mi siguiente módulo en el camino medicina es fuego, que es nuestro tercer chakra, nuestra creatividad y nuestra fuerza. Como arranqué ese módulo este fin de semana, la idea era empezar a trabajarlo en este viaje. Fue un viaje lleno de amor, lleno de fuerza, de ser, de estar presente, y de aterrizar todo ese aprendizaje en mi día a día. Estar en presencia absoluta disfrutando todo lo que hago, poner atención a todo lo que está pasando alrededor de mí, pero en lugar de verlo desde este personaje, enfocarme más en solo observar, ser el observador, sin juicio, sin crítica; simplemente observar y escuchar.

En resumen, estas han sido mis experiencias con psicodélicos hasta este momento en que estoy escribiendo esta conclusión. No puedo más que confirmar el renacer que tuve después de consumir estas sustancias tan mágicas y tan poderosas. El camino no ha sido fácil y sé que no seguirá siendo fácil. Es parte del proceso, es parte de la vida. ¿Qué chiste tendría si todo fuera fácil? Pero hay que dejar ir. Hay que dejar ir todo lo que no podemos controlar y realmente disfrutar el simple hecho de poder estar aquí un día más.

La siguiente parte de este escrito es compartir un poco más del método que fui creando en estos últimos años, que me ha ayudado a darle continuidad a este proceso psicodélico con una metodología que, hoy en día, me ha funcionado. Voy a dar lo mejor de mí para poder llevar esta metodología todos los días de mi vida.

Mi método

En este proceso de cambio que he tenido después de mis experiencias con distintos psicodélicos, en donde decidí transformar mi vida desde la raíz, fui encontrando conceptos básicos que me han funcionado para poder estar tranquilo y en paz en mi día a día.

No hay metodología perfecta. Hay muchas metodologías como esta; simplemente he ido tomando un poco de esa sabiduría que está dentro de nosotros, ordenándola en temas que a mí me han funcionado, siguiendo la práctica de cada uno de estos conceptos día a día y plasmándolos para que, si algo de mi experiencia puede ayudar a mejorar la vida de una persona, haya cumplido con el objetivo que tenía. Estaré muy agradecido por haber contribuido a mejorar la vida de alguien.

A raíz de la muerte de mi hermano, empecé a buscar el sentido de la vida. He entendido que mi propósito es vivir la vida al máximo, disfrutar cada día como si fuera el último y ponerme al servicio de los demás. Hoy trabajo todos los días para lograrlo y trato de dar lo mejor de mí para sacar esta mejor versión que sé que todos tenemos.

Me sigo equivocando, me sigo fallando en la forma en la que pienso, pero trato de ser más rápido en darme cuenta de lo que me está pasando. Sé que el 95 % de las veces, casi siempre, todo se queda en pensamientos de cosas que creemos que nos pueden pasar.

Entendí que tengo que aprender de mis errores, aceptarlos, pedir perdón, decir las cosas tal y como son, desapegarme de lo material, de las personas y de mis problemas. Debo enfocarme primero en mí y estar presente la mayor parte del tiempo. Al estar presente, me doy cuenta de que disfruto más de la experiencia, y aunque sea una experiencia que no esté viviendo como quiero, trato de estar presente y dejar que las cosas sucedan.

Este método se resume en seis conceptos básicos. De estos podrían desprenderse muchísimos otros temas, pero lo resumo en lo siguiente:

1. Gratitud
2. Amor
3. Perdón
4. Disciplina
5. Verdad
6. Servicio

Todos los días trato de aprender algo nuevo: aprendo de mí, de mis pensamientos, de mis miedos, de las decisiones que tomo. Al mismo tiempo, me doy cuenta de que no sé nada y que continuaré en esta búsqueda hasta el día que me vaya de este mundo. Trato de poner en práctica lo que voy aprendiendo.

Fuera de mi día a día, en el que me dedico a temas inmobiliarios y financieros, hoy me llaman mucho la atención temas un poco más espirituales. Pienso en cómo utilizar ese aprendizaje para ser mejor persona todos los días y cómo lograr ayudar a los demás. Estoy convencido de que, si cada uno de nosotros puede transformar la vida de otra persona, este mundo irá cambiando. Sé que hay que respetar que cada uno está en su propio proceso, en su propio camino. No se trata de predicar ni mucho menos.

Cuando tienes este despertar, a veces caes un poco en eso, pero se trata de actuar de la mejor manera. Si alguien curioso te pregunta, y está en tus capacidades, ver cómo puedes ayudar. Hacer lo mejor que puedas desde el corazón y desde tu experiencia, pero siempre intentar que la persona con la que estás trabajando busque sus propias respuestas.

La idea de este método es seguir todos estos pilares todos los días. Por supuesto, voy a seguir teniendo malos días, días en los que no tengo paciencia, días de frustración, días en los que me pregunto por qué estoy haciendo todo esto si no está dando resultados. Sé que es un trabajo de todos los días, pero el resultado es que hoy me siento feliz, en paz, lleno de amor, gratitud, ganas de vivir, de ayudar y de seguir mejorando. Me he puesto muchos objetivos y muchas metas, pero hoy, aunque no las alcance, sé que voy a disfrutar del viaje para lograrlas.

Como comenté anteriormente, en la empresa donde trabajo planteé mi inquietud de ayudar e ir metiendo poco a poco un programa de bienestar. Después de un tiempo, ya arranqué con este proceso. Por lo pronto, estoy haciendo sesiones individuales de coaching con algunas personas dentro y fuera de la oficina. Me he dado cuenta de que, aunque puedo utilizar esta metodología, hay que ir haciendo un traje a la medida para cada persona.

Por supuesto, con algunos conceptos de esta metodología, pero aterrizándolos a las necesidades de cada una de las personas con las que estoy trabajando. Cada una tiene sus necesidades y problemas diferentes. Creo que, con mi experiencia y la experiencia de cada una de estas personas, he ido encontrando ideas sencillas para que las pongan en marcha en su día a día. Sé que el trabajo es personal y no depende de mí, pero espero que poco a poco empiecen a ver cambios positivos en su vida y que realmente comiencen a apreciar más su experiencia.

Gratitud

El día que me di cuenta de que esta vida es un regalo fue el día que realmente aprendí a agradecer. Trato de vivir en gratitud cada momento del día, desde ese primer respiro consciente que doy hasta antes de dormirme. Hay veces en las que nos estamos quejando de algo que no tenemos, de algo que nos pasó, de algún problema que estamos resolviendo, de algo que nos hicieron, nos comparamos con los demás, o nos ponemos en el papel de víctima: «¿Por qué me pasó esto a mí y al otro no?». Cuando estoy pasando por alguna situación como estas, porque es parte de ser humano, trato de ser consciente lo más rápido posible y regreso a la gratitud.

¿Cómo lo logro? Simplemente respirando y volviendo al presente, agradeciendo el poder estar viviendo cualquier experiencia y tratando de sacarle lo mejor. Todo lo demás son pensamientos. Cuando empiezas a vivir en gratitud, ya no vives en la carencia ni pensando en lo que no tienes. Empecé a darme cuenta de que ya tengo todo lo que necesito y de lo mucho que tengo: salud, un día más de vida, unas hijas hermosas, una familia amorosa, trabajo, proyectos, un techo donde vivir, amigos. Creo que no podría parar de agradecer todo lo que tengo.

Yo trato de hacer un ejercicio todos los días de las cosas que tengo que agradecer. Gracias a Dios, soy muy afortunado.

Traten de hacer un ejercicio todos los días en donde enumeren al menos diez cosas de las cuales están agradecidos. Se van a sorprender de lo bendecidos que son. Además, este ejercicio los ayudará a olvidarse un poco de los problemas a los que se están enfrentando o, simplemente, los ayudará a verlos desde otro ángulo. Entenderán que esas cosas que creemos que podrían pasar, la gran mayoría de las veces no suceden. Al estar en el presente y en gratitud, te das cuenta de que los problemas no son permanentes; eventualmente, todo va a pasar.

La gratitud, además, provoca una serie de efectos positivos en la mente y en el cuerpo:

- Reduce el estrés, la ansiedad y la depresión.
- Fortalece las relaciones con los demás y permite tener conexiones más profundas.
- Produce neurotransmisores como la dopamina, oxitocina y serotonina, que aumentan la energía y la calma para estar más en equilibrio.

- Mejora el sueño, te da más energía y una respuesta inmunológica más fuerte.
- Nos ayuda a apreciar todo lo que tenemos en lugar de lo que creemos que nos hace falta.

Sin duda, la práctica de la gratitud me ha ayudado a apreciar mucho más la vida.

Frases de gratitud

Si quieres cambiar tu vida, intenta dar las gracias; cambiará tu vida poderosamente.

- La raíz de todo bien crece en la tierra de la gratitud.
- Cuando la gratitud es tan absoluta, las palabras sobran.
- La gratitud es la flor más bella que brota del alma.
- El agradecimiento es la parte principal de un hombre de bien.
- Debemos encontrar tiempo para detenernos y agradecer a las personas que hacen la diferencia en nuestras vidas.

Amor

Qué bonito es el amor, y sin duda se siente increíble estar enamorado, pero casi siempre estamos buscando el amor afuera: «Ojalá que me quieran, ojalá que les caiga bien, espero que le guste». Difícilmente vamos a encontrar ese amor si primero no aprendemos a amarnos a nosotros mismos. Hay veces en que somos más duros con nosotros mismos que como nos tratan los demás. Tenemos que empezar a vernos en el espejo todos los días y decirnos lo mucho que nos queremos y lo orgullosos que estamos de nosotros mismos.

Definitivamente, con el mundo tan acelerado que tenemos todos los días, nuestras responsabilidades y nuestros problemas, se nos olvida darnos un poco de cariño. Creo que, si realmente nos aceptamos tal y como somos, con nuestras virtudes y defectos, y nos abrazamos y nos damos un poco de cariño, nos vamos a sentir mejor. A mí me ha funcionado. Aunque a veces me sigo exigiendo demasiado y juzgándome por cosas en las que me equivoco, en los ratos que tengo para mí analizo lo que me pasó en el día, me río de mí mismo, me doy cuenta de los errores que cometí y me abrazo.

Por muy mal que la estemos pasando, hay que regresar al concepto más básico, que es estar vivos y tener un día más para empezar y para poder ser mejores. Cuando aprendí a amarme y a aceptarme tal y como soy, empecé a ver a los demás exactamente como me veo a mí, a amarlos tal y como son. Cada uno de nosotros está viviendo su experiencia. No soy nadie para meterme en la cabeza de los demás.

He aprendido que cada uno está enfrentando sus demonios, que cada uno de nosotros está haciendo lo posible por sanar sus traumas, y he entendido que no puedo juzgar ni criticar el actuar de una persona, aunque no me guste. Cuando aprendí a respetar eso, a decir las cosas como las siento, pero siempre desde el fondo de mi corazón, las cosas han fluido mejor. Lo mismo ocurre cuando me dicen algo que, de cierta manera, me lastima por mi forma de ser.

He aprendido a no tomarme nada personal, porque he entendido que realmente nada es personal. Si alguien dice algo que nos hace daño, es porque esa persona nos está viendo como un espejo, como algo totalmente opuesto a ellos, o simplemente es su opinión o su forma de ver las cosas. Todas y cada una de esas visiones son válidas; no hay ni buenas ni malas. Hay que aprender a aceptar todo. Pero, si algo realmente nos lastimó, hay que decir las cosas como son.

A veces nos encontraremos con personas que nos digan «Ay, no seas sentido», o algo por el estilo, y no nos entiendan. Creo que, si decimos las cosas claras y no nos respetan, lo mejor es alejarnos. No me queda la menor duda de que, si todos vivimos en amor, este mundo cambiará.

Cuando estén criticando o juzgando, vuelvan a la presencia con la respiración y sean conscientes de lo que están diciendo. Empiecen todos los días con este ejercicio de quererse y aceptarse tal y como son. Y, si hay algo que mejorar para lograr este amor, si Dios quiere, siempre hay un siguiente día para empezar.

Frases de amor

- En cada acto de amor, estamos tocando la esencia divina que habita en cada ser humano.
- El amor verdadero no conoce límites ni fronteras; es una expresión del espíritu que nos une a todos.
- El amor es la fuerza más poderosa del universo, capaz de transformar vidas y sanar almas heridas.
- Amar es una expresión de nuestro ser espiritual; es la forma más elevada de conexión y la fuerza que impulsa nuestra evolución.

Perdón

De las cosas que más trabajo me costó para poder estar en paz fue perdonarme. En esta experiencia que he tenido, fui tomando decisiones que hoy me doy cuenta de que, a veces, por inmadurez o por inconsciencia, sin duda fueron decisiones que sabía claramente que estaban mal. Empecé, poco a poco, a cargar con cosas que me costó mucho trabajo soltar.

Tomé malas decisiones en mis relaciones, tomé malas decisiones en mi día a día. Hoy entiendo que también tenía que tomarlas para poder aprender. Por supuesto, me topé con las mismas decisiones muchas veces. Para mí, de las cosas más fuertes que me tuve que perdonar fueron los sentimientos que tenía hacia mi hermano Alejandro (Q. E. P. D.). A mi buen Alex le tuve envidia, le tuve celos. Inconscientemente, no le deseaba lo mejor por la situación que estábamos viviendo, la cual, desafortunadamente, acabó ocasionando su muerte.

Pedirle perdón y perdonarme, aceptar todas estas cosas, fue de las experiencias más liberadoras que he tenido, y al mismo tiempo, una de las más difíciles. Qué trabajo nos cuesta a veces aceptar un error y pedir disculpas. Aunque físicamente ya no está conmigo, le pido perdón y tenemos increíbles conversaciones. Siempre tendré a mi hermano muy cerca de mí, y eso me hace ser mejor cada día.

Todos los días debemos hacer un ejercicio sobre las cosas que dijimos o hicimos. Si fallamos, hay que pedir perdón y perdonarnos. Al final del día, ya no podemos hacer nada por una mala decisión. Podemos corregirla, pero en el momento ya perdimos el afecto y la confianza de un ser querido, de una amistad, de una relación, de cosas materiales o de un trabajo. Todo por una mala decisión.

Hay que aprender a aceptar nuestros errores y perdonarnos. Si en el camino podemos pedirle perdón a la persona a la que hicimos daño, aún mejor.

Tenemos que dejar de ser tan duros con nosotros mismos, de juzgarnos, de criticarnos, de creer que no somos suficientes. Todas esas cosas las vamos cargando y terminamos enfermándonos por situaciones que ya pasaron y que no podemos remediar. Hay que soltar, perdonar y perdonarnos, y enfocarnos en lo que sigue.

En el cuerpo, el perdón ayuda a reducir el estrés, la ansiedad y la tensión emocional. Estos beneficios pueden contribuir a una mejor salud física. También nos ayuda a liberar emociones negativas que, de otro modo, podrían derivar en enfermedades.

En la mente, perdonar puede brindarnos paz mental. Dejar de lado sentimientos de rencor y resentimiento nos permite tener mayor claridad mental, mejor concentración y bienestar emocional. Además, nos ayuda a desarrollar una actitud más positiva y compasiva, tanto hacia nosotros mismos como hacia los demás.

Perdonar es un acto de generosidad y compasión. Puede liberarnos de cargas emocionales pasadas y ayudarnos a avanzar hacia un estado de equilibrio espiritual.

Frases de perdón

- El perdón libera el alma.
- El perdón no cambia el pasado, pero amplía el futuro.
- Perdonar es liberar a un prisionero y descubrir que el prisionero eras tú.
- Los débiles nunca pueden perdonar; el perdón es un atributo de los fuertes.
- El perdón dice que tienes otra oportunidad de empezar de nuevo.

Disciplina

Para lograr algo en esta vida, hay que poner en marcha lo que queremos hacer. Si dejamos las cosas como una simple idea, solo serán eso: ideas.

A mí me ha costado mucho trabajo toda mi vida tener disciplina. Afortunada o desafortunadamente, tuve las cosas muy fáciles y sin esfuerzo. Cambiar esa mentalidad no es sencillo. Por ejemplo, en mis hábitos he desarrollado tantos que después es difícil dejarlos, y la única manera de hacerlo es con disciplina: comer mejor, dejar de fumar, hacer ejercicio, leer, estudiar, aprender nuevas herramientas, salir de nuestra zona de confort. Todas estas cosas se logran con un plan. Como sucede con los adictos —porque creo que todos somos adictos a algo—, hay que abordarlo un día a la vez.

Cuando eres niño, tienes una cantidad de sueños y, de cierta manera, crees que se van a dar muy fácilmente. Por el lugar donde crecí y por todas las bendiciones que he tenido en esta vida, creía que todo era sencillo, hasta que un día me di cuenta de que no lo es. Cambiar esa mentalidad fue muy difícil.

Hoy, para tener una mejor disciplina, todos los días hago un mapeo de mi día. Esto lo hago antes de mi meditación nocturna o durante la misma. Me enfoco en lo que tengo pendiente o en lo que es importante hacer al día siguiente. Esto me ha ayudado a ser más eficiente con mi tiempo.

No soy muy madrugador, pero estoy tratando de levantarme todos los días para hacer ejercicio. Después de tanto tiempo sin hacer ejercicio regularmente, no es fácil, y los resultados son lentos. Sin embargo, como todo, sé que con disciplina y creando un hábito llegaré a donde quiero estar con mi cuerpo y mi salud.

Termino mis obligaciones laborales lo más rápido posible. Trato de completar mis pendientes de trabajo durante la mañana. Siempre he trabajado en oficina, y sé que hay gente más ocupada, pero siempre me doy cuenta de que tengo tiempo para hacer las cosas que hoy me interesan.

Otra disciplina que durante muchos años no tuve fue la lectura. Hoy encuentro un rato todos los días para dedicarle tiempo a los libros.

Sufrí mucho con el aumento de peso. Un amigo decía que, cuando íbamos de viaje, los chefs de los restaurantes salían a afilar sus cuchillos porque, según él, era un «lechón en su punto». Hice todas las dietas posibles, y aunque funcionaban, a la larga volvía a mis malos hábitos.

Hoy, aunque todavía me falta para estar donde quiero, me siento bien con el estilo de vida que he encontrado para evitar las subidas y bajadas de peso. Creo que todos podemos encontrar un método para tener una buena alimentación y estar sanos. No digo que no podamos disfrutar de una buena comida de vez en cuando, pero debemos ser más conscientes de lo que estamos metiendo en nuestro cuerpo. Esto solo se logra con disciplina.

Podemos sucumbir al estrés, la ansiedad o algún problema, y refugiarnos en la comida o en otro vicio. Todo se vale, pero, a la larga, es algo que nos afectará si no hacemos un cambio.

La salud es solo un ejemplo. Estoy seguro de que, con disciplina, un plan y creando buenos hábitos podemos encontrar tiempo para trabajar eficientemente, cumplir con nuestras responsabilidades, cuidar nuestras relaciones, dedicar tiempo a nosotros mismos y disfrutar de lo que nos apasiona.

Tómense tiempo todos los días para planificar su día, su semana y su año. Traten de hacer lo mejor posible para cumplir con ese plan. Habrá días en los que no todo saldrá bien, pero, si Dios quiere, tendremos otro día para mejorar y encontrar nuestro camino.

Escriban un diario, prioricen sus días y, siempre, pongan primero lo importante y lo que más valor genere.

Frases de disciplina

- La disciplina es el puente entre las metas y el logro.
- Donde hay buena disciplina, hay orden, y rara vez falta la buena fortuna.
- Por cada esfuerzo disciplinado, siempre hay múltiples recompensas.
- El secreto del éxito es persistencia hacia la meta.
- La mitad de la vida es suerte; la otra, disciplina. Esta es decisiva, ya que sin disciplina no sabríamos por dónde empezar con la suerte.
- Somos el resultado de lo que hacemos repetidamente. La excelencia, entonces, no es un acto, sino un hábito.

Verdad

Desde que somos niños, nos vamos creando un personaje o varios personajes para pertenecer y, desafortunadamente, vamos perdiendo nuestra autenticidad y lo que realmente somos. El deber ser, el quedar bien con los demás, el miedo a que nos critiquen o a que nos juzguen nos hace vivir en un engaño. A mí me pasaba mucho; a veces todavía en situaciones en donde te tienes que poner esa máscara para sentirte parte del grupo.

En cualquier conversación que tenemos, si no estamos siendo honestos con las personas con las que estamos, realmente a la única persona que estamos engañando es a nosotros mismos. A veces es complicado decir las cosas como realmente las sentimos, pero les prometo que, aunque al principio es difícil, hay que decir las cosas como son. Si decimos las cosas con conciencia, con el corazón, van a ver muchísimos cambios en su vida, porque si no nos estamos guardando cosas por no decirlas...

Hoy trato de ser la persona que realmente soy, con mis hijas, con mi esposa, con mis papás, con mi hermano, con mis amigos, y es algo que ha sido muy liberador para mí. Te vas dando cuenta de que la gente te quiere tal y como eres o no; no le puedes caer bien a todo el mundo. Empiezas a sanar tus relaciones y, al mismo tiempo, te empiezas a alejar de otras personas que, de cierta manera, aunque duela, ya no están en la misma sintonía en la que tú estás.

Pero esto no es malo; cada uno está viviendo su propio proceso, y el tiempo que nos regalaron fue el tiempo que teníamos que estar con ellos. No es que ya no los vayas a ver, simplemente por el momento no estamos en el mismo camino, pero el amor, los recuerdos y las experiencias que tuvimos con ellos fueron parte del aprendizaje y, posiblemente, nos los volveremos a encontrar.

Cuando se den cuenta de que no están siendo honestos en una conversación, en una relación, en una amistad, acuérdense de que a los únicos que están engañando es a ustedes mismos.

Frases de verdad

- Si siempre dices la verdad, no tendrás que recordar nada.
- Ser sincero no es decir todo lo que se piensa, sino no decir nunca lo contrario de lo que se piensa.
- Se puede dudar de lo que se ve, pero no de las palabras de un hombre honrado.
- La verdad es incontrovertible; la malicia puede atacarla, la ignorancia puede burlarse de ella, pero al final, la verdad está ahí.

Servicio

Después de mi primera experiencia con ayahuasca, me di cuenta de que mi propósito en la vida es hacer lo posible por tratar de ayudar y ponerme al servicio de los demás.

A veces, por orgullo o por nuestro ego, creemos que podemos solos. Sin embargo, por las malas decisiones que vamos tomando, empezamos a crear una bola de nieve que, desafortunadamente, llega a un punto donde ya no hay forma de detenerla. A mí me pasó. Estoy seguro de que, si hubiera pedido ayuda antes, no me habría metido en tantos problemas. Pero así lo tuve que vivir. Tuve que ser humilde, entender que no podía solo y pedir ayuda.

La verdad es que soy muy afortunado, porque tengo familia, familia política y amigos que me dieron la mano. Siempre estaré agradecido con ellos. Pero me costó muchísimo trabajo aprender a pedir ayuda, y creo que se vale. Todos podemos estar pasando por un mal momento, y estoy seguro de que siempre encontraremos a alguien que nos pueda ayudar.

A veces pensamos que ayudar siempre tiene que ser con algo material. Obviamente, hay gente muy necesitada en este mundo, y cuando damos algo estamos ayudando para que ese día puedan estar un poco mejor. Sin duda, me encantaría poder ayudar más en causas que me resuenan. Pero me he dado cuenta de que la gente también necesita un saludo cariñoso, alguien que les pregunte cómo están, alguien que los escuche, alguien que les dé un buen consejo o que esté presente cuando tienen algún problema.

No necesariamente tiene que ser alguien que conozcamos. Hay que tratar de estar para cualquier persona que se cruce en nuestro camino y necesite de nuestra ayuda. Hay demasiadas cosas por hacer en este mundo. Yo espero poder poner mi granito de arena. Si todos hacemos algo por alguien todos los días, estoy seguro de que poco a poco este mundo cambiará.

Frases de ayuda

- Los humanos ayudamos porque somos capaces de sentir y de ponernos en la piel de los demás.
- Mucha gente pequeña, en lugares pequeños, haciendo cosas pequeñas, puede cambiar el mundo.
- Si ayudo a una sola persona a tener esperanza, no habré vivido en vano.

Creo que es importante mencionar que varios estudios señalan que vivir bajo estos pilares, conceptos o principios aumenta la segregación de neurotransmisores en nuestro cerebro, como la serotonina, la dopamina y la oxitocina. Estos nos ayudan a vivir más en paz, en equilibrio, más enfocados y felices.

Gracias por el tiempo que se tomaron en leer este método, que a mí me ha ayudado a seguir mejorando todos los días. Voy a seguir trabajando para ser una mejor persona. Si hay algo que les resuena, empiecen con alguno de estos principios. Estoy seguro de que les ayudarán. Y si no, estoy seguro de que encontrarán su guía para sentirse en paz y en amor todos los días, que para mí son las cosas más importantes para vivir esta increíble experiencia de la vida.

Todo esto lo fui creando poco a poco y a raíz de mis experiencias psicodélicas. Entiendo que todavía hay un miedo en torno a este tipo de sustancias: que son drogas, que son ilegales y que pueden hacernos mucho daño. Sin duda, sé que no son para todos. Yo solo quería transmitirles mi experiencia y cómo he ido evolucionando mi conciencia para tratar de ser una mejor persona cada día.

Sin duda, me sigo equivocando, me sigo estresando, sigo teniendo miedos y angustias. Pero siempre trato de regresar lo antes posible al presente y enfocarme en lo que estoy haciendo: trabajando, resolviendo un problema, disfrutando de una comida con mis amigos, conviviendo con mi familia, cantando o viendo a mis hijas bailar.

¿Qué más puedo pedir? Nunca sabremos el día de nuestra muerte. Hay que tratar de vivir esta experiencia al máximo. Creo que el éxito o la realización no están en el futuro ni en cumplir nuestras metas; están en el camino que vivimos todos los días para lograrlas.

EDIQUID